JOGURT & KÄSE
HAUSGEMACHT

Rose Marie Donhauser

JOGURT & KÄSE
HAUSGEMACHT

tosa

Inhalt

Vorwort	6

Milch – das »weiße Gold« — 8

Ein Wunder der Natur — 9

Wann entdeckten die Menschen den Genuss der Tiermilch? — 10

Milchverarbeitung heute — 11

Die Milch – ein Schluck Lebenskraft — 14

Milch hat's in sich – aber was genau? — 14

Nährwerttabelle für Milch und Milchprodukte — 17

Die richtige Milch für die Hauskäserei — 18

Rezepte mit Milch — 19

Butter, Buttermilch, Sahne — 24

Aus Milch wird Butter — 25

Süß oder sauer? — 25

Warum Butter gesund ist — 26

Die Handelsklassen der Butter — 27

Butter – selbst gemacht — 30

Buttern von Hand — 30

Professionell mit der Buttermaschine — 32

Wenn sich der Rahm nicht buttern lässt — 33

Trennen von Butter und Buttermilch — 34

Konservierungstips — 36

Butter in Massen oder Maßen? — 37

Butterrezepte — 38

Buttermilch – die Milch ohne Butter — 40

Buttermilchrezepte — 41

Sahne – krönender Auftakt und Abschluss — 44

Sahnig – rahmig: Sahnesorten — 44

Sahne – selbst gemacht — 46

Sahnerezepte — 47

Käse ist gereifter Quark.

Sauermilchprodukte — 52

Joghurt – Milch mit »Kultur« — 53

Joghurt braucht zwei Bakterienstämme — 54

Warenkennzeichnung — 56

Was ist drin? – Zutaten im Joghurt — 57

Joghurt – selbst gemacht — 58

Noch einfacher mit der Maschine — 60

Kniffe und Tricks für die Joghurtherstellung — 60

Joghurtrezepte	61	Die Hauskäserei	100
Kefir, der Wonnetrunk	66	Die Hauskäserei hat eigene Gesetze	100
Der Kefirpilz	67	Lab – wichtiges Hilfsmittel	102
Benutzen Sie Kefirfermente	67	Weichkäse – selbst gemacht	103
Kefir – selbst gemacht	68	Variationen für Weichkäse	108
Kefirrezepte	70	Weichkäse mit Edelschimmel	110
Die Milch ist dick – Dickmilch	74	Hart- und Schnittkäse	112
Dickmilch – selbst gemacht	75	Färben von Hart- und Schnittkäsen	113
Rezepte mit Dickmilch	76	Hart- und Schnittkäse – selbst hergestellt	114
Quark – die Urform von Käse	78	Mögliche Fehler beim Käsen	120
Speisequark	79	So gelingt Ihnen Ihr Käse	121
Quark – selbst gemacht	81	Variationen für Hartkäse	122
Die richtige Milch	81	Eigene Käseerfahrungen	126
Herstellung ohne Starterkulturen	82		
Herstellung mit Starterkulturen	84		
Quarkrezepte	85	Schön durch Milchprodukte	128
Sauermolke – der wertvolle Abfall	90	Pflege und Schönheit	129
		Trinken Sie sich schön!	129
Tips zur Weiterverwertung von Molke	92	Tips und Tricks von der Fachfrau	131
		Pflegendes für das Gesicht	135
Sauermolkenrezept	93	Milch fürs Haar	137
Käse	94	Für alle Fälle – Milchprodukte	140
Seit Jahrhunderten beliebt	95	Kleines Milch- und Käselexikon	142
Käse – gereifter Quark	95	Bezugsquellen	148
Ein bisschen Ordnung muss sein	97	Über dieses Buch	150
Was ist Fett i. Tr.?	98	Sachregister	151
		Rezeptregister	152

Vorwort

Milch und Milchprodukte sind aus unserer Ernährung nicht mehr wegzudenken: Die erste Nahrung eines Babys ist Milch – sie enthält alle Nährstoffe, die ein Neugeborenes braucht. Auch Kinder lieben bekanntlich Milchprodukte in allen Formen – sei es Fruchtjoghurt, der frisch angerührte Kakao oder eine leckere Quarkspeise.

Zum geschmacklichen Aspekt kommt auch noch der gesundheitliche hinzu: Milchprodukte liefern wertvolle Vitamine, Proteine sowie Kohlenhydrate und unterstützen so eine gesunde Lebensführung. Milcheiweiß dient der Bildung körpereigener Abwehrstoffe und der Regeneration von Haut, Nägeln und Haaren.

Für Kinder, die sich im Wachstum befinden, ist der Mineralstoff Kalzium wesentlich für die Bildung und Gesundheit von Knochen und Zähnen. Bei älteren Menschen dient die Versorgung mit Kalzium der Prophylaxe von Krankheiten wie Osteoporose.

Milch und Co. – naturrein, ohne Zusätze?

MILCHSORTEN
Dieses Buch behandelt die Kuhmilch, da diese Milchsorte bei uns am beliebtesten und verbreitetsten ist.

So rein und gesund, wie es uns die Werbung weismachen möchte, sind viele Milchprodukte heute jedoch nicht mehr: Auch auf diesem Gebiet haben die lebensmitteltechnologischen Entwicklungen nicht Halt gemacht. Da heutzutage alles immer schneller und billiger gehen muss, wird in der Massenherstellung die traditionelle Herstellung von Milchprodukten beschleunigt.

Für Käse wird gentechnologisch erzeugtes Lab verwendet, und dem Joghurt werden Aromen und Farbstoffe zugesetzt. Zunehmend mehr Menschen achten jedoch auf ihre Gesundheit und sind nicht mehr bereit, diese ungewollten (und eigentlich auch unnötigen) Zusatzstoffe zu essen; viele reagieren sogar allergisch darauf.

Hausgemacht: gesünder und besser

Was bietet sich als Alternative an, wenn Sie wieder einmal reine Naturprodukte ohne Zusätze, Verdickungsmittel oder

Konservierungsstoffe genießen möchten? Es gibt einige Molkereien, die biologisch erzeugte Milch verwenden und daraus gesunden Joghurt, Quark und Käse ohne unnötige Zusatzstoffe bereiten.

Doch warum stellen Sie Ihre Milcherzeugnisse nicht einfach selbst her? Was früher alltäglich war, ist auch heute noch möglich. Es ist gar nicht so kompliziert, wie Sie vielleicht denken, sich Ihren eigenen Quark, Kefir oder Käse herzustellen.

Dieses Buch informiert Sie ausführlich über die verschiedenen Milchsorten, sagt Ihnen, welche Geräte Sie brauchen, und zeigt Ihnen Schritt für Schritt, wie Sie diese köstlichen Milchprodukte ganz einfach selbst herstellen können: Sahne, Butter, Buttermilch, Sauermilchprodukte (Joghurt, Quark und Kefir) und die verschiedenen Käsesorten.

Sie erfahren nicht nur, wie Sie diese beliebten Milcherzeugnisse selbst herstellen können, sondern Sie bekommen zahlreiche Anregungen, um eigene Kreationen auszuprobieren. Mit Hilfe dieses Buchs können Sie beispielsweise Käse herstellen, der sich ganz nach Ihrem persönlichen Geschmack richtet und den es in keinem Geschäft zu kaufen gibt!

Milchvariationen in Hülle und Fülle

Zusätzlich finden Sie Rezepte, um mit Ihren hausgemachten Milchprodukten zu kochen oder zu backen. Haben Sie Appetit auf Großmutters Milchsuppe, indisches Lammfleischcurry mit Joghurt oder Vollwertreibekuchen mit Frühlingsquark?

Nun wünsche ich Ihnen viel Spaß und gutes Gelingen! Lassen Sie sich ein auf die Milch, und probieren Sie, welche Köstlichkeiten sich daraus gewinnen lassen!

Milch ist ein lebendiges Produkt, das im Umgang etwas Erfahrung und Fingerspitzengefühl erfordert, doch die hausgemachten Milchspezialitäten werden Sie für diese Mühe entschädigen – lassen sie sich doch nicht im Entferntesten mit den im Supermarkt erhältlichen Produkten vergleichen.

QUALITÄT
Alle Anleitungen und Rezepte wurden von der Andechser Molkerei Scheitz – einem alteingesessenen Familienbetrieb, der nach Bioland-Richtlinien arbeitet – geprüft. Sie finden daher in diesem Buch Anleitungen, die garantiert auf dem neuesten Wissensstand sind.

Milch – das »weiße Gold«

Milch ist mit seinen wertvollen Inhaltsstoffen aus unserer Ernährung nicht mehr wegzudenken. Auch wenn wir ausschließlich Milch zu uns nähmen, könnten wir überleben. Wussten Sie, dass dafür schon ein Liter pro Tag genügen würde?

Ein Wunder der Natur

Immer wieder ist in den Medien die Rede von »Butterbergen« und »Milchseen«. Butter und Milch werden in der EU im Überfluss produziert und müssen daher massenhaft vernichtet werden. Haben Sie sich eigentlich schon einmal überlegt, warum es immer Milch gibt, jeden Tag und zu jeder Jahreszeit? Um dieser Frage nachzugehen, werfen wir der Einfachheit halber zunächst einmal einen Blick in die Geschichte. In der Literatur aus vergangenen Jahrhunderten liest man immer wieder von Ammen oder Leihmüttern, die die Neugeborenen jener Mütter stillten, die nach der Geburt keine Milch hatten. Das Stillen von Babys war lange Zeit sogar ein richtiger Beruf – eigentlich ein Phänomen, dass Frauen jahrelang Muttermilch geben können. Doch das ist das Wunder der Natur: Die Milchdrüsen produzieren so lange und so viel Milch, wie durch kindliche Saugbewegungen verlangt wird. Wenn der Säugling weniger an die Brust gelegt wird, geht auch die Milchproduktion zurück. Und: Je mehr er verlangt, desto mehr wird produziert.

»Mutterschaftsurlaub« bei Kühen

So erklärt sich auch die ständige Milchabgabe der Kühe. In Deutschland darf laut Gesetz Kuhmilch erst ab dem fünften Tag nach der Geburt eines Kalbes verkauft werden. Ab diesem Zeitpunkt werden die Kühe – mittlerweile mit hoch technisierten Melkmaschinen – zweimal am Tag gemolken. Bevor eine Kuh jedoch das erste Mal Milch gibt, muss sie gekalbt haben. Nach der Geburt bekommt sie eine knappe Woche »Mutterschaftsurlaub« und muss dann wieder ihre Pflichten als Melkkuh aufnehmen. Wir Menschen täuschen der Kuh ab diesem Zeitpunkt ihr Leben lang vor, dass sie ständig Junge habe. Sie muss zwischendurch tatsächlich immer mal wieder kalben, denn sonst verändert sich die Milch mit der Zeit in der Zusammensetzung und in der Menge sehr stark. Die Rekordkuh aller Zeiten gab sage und schreibe bis zu 33 Liter Milch pro Tag. Allerdings liegt der Durchschnitt bei ungefähr 20 Litern pro Tag.

»WEISSES GOLD«
Milch besteht aus 84 bis 90 Prozent Wasser und 10 bis 16 Prozent Trockensubstanz, also Fett, Eiweiß, Zucker und Salzen – insgesamt eine erlesene Flüssigkeit.

Wann entdeckten die Menschen den Genuss der Tiermilch?

MILCH UND HONIG
Bereits in der Bibel lesen wir von einem »Land, in dem Milch und Honig fließen« – gemeint ist das Gelobte Land, Israel, in das Moses im Auftrag Gottes die geknechteten Juden zurückführen sollte.

Die Entdeckung der Milch als Nahrungsquelle lässt sich nicht exakt auf ein bestimmtes Jahrhundert datieren. Möglicherweise wurde die Milch aus purem Zufall als neue Nahrungsquelle entdeckt. Vielleicht haben Menschen eine Wölfin oder eine Ziege beim Säugen ihrer Kleinen beobachtet. Es wäre denkbar, dass unsere Vorfahren dadurch auf den Gedanken kamen, tierische Milch zu trinken.

Milch – ein Fruchtbarkeitssymbol

Dokumentarisch belegt ist die erste Milchwirtschaft in Mesopotamien vor rund 5000 Jahren. Die Sumerer tranken nicht nur die Rohmilch, sondern die heißen Temperaturen sorgten für die rasche Eigensäuerung der Milch. Das Zufallsprodukt Quark war somit entstanden. In vielen alten Kulturen galt Milch als Symbol für Fruchtbarkeit und Unsterblichkeit. Nach indischer Vorstellung war die Welt im Uranfang ein Milchmeer.

Auf ägyptischen Tontafeln aus der Zeit um 3000 v. Chr. ist eine Szene früher tierischer Milchgewinnung zu sehen: zwei Ägypter – der eine hält die Hinterbeine eines Rindes mit einem Strick fest, und der andere melkt. Ägypten ist nicht zuletzt auch wegen seiner Milchwirtschaft und Käseverarbeitung in die Geschichte eingegangen.

Milchbildung

Das Kuheuter ist in einzelne Drüsenpakete, so genannte Euterviertel, aufgeteilt. Jedes Euterviertel füllt sich während der Milchbildung ganz langsam auf; sobald es gefüllt ist, hört die Milchproduktion auf. Die Kühe werden morgens und abends gemolken, so dass die Milchproduktion wieder von neuem beginnen kann. Die Milchbildung erfolgt in den Zellen der kleinen Hohlräume, den Alveolen, die im Drüsengewebe des Euters sitzen. Das Drüsengewebe weist eine enorm gute Durchblutung auf. Zur Bildung von einem Liter Milch müssen zwischen 300 und 500 Liter Blut das Euter durchfließen.

Die bekannteste »Milchbotschafterin« Ägyptens war übrigens die schöne Kleopatra. Jeden Tag ließ sie sich von ihren Dienerinnen ein Schönheitsbad aus Eselsmilch zubereiten, für das täglich knapp hundert Esel ihre ganze Milch opfern mussten.

Milchverarbeitung heute

Die Rohmilch fließt von der Melkmaschine direkt in Kühltanks und wird einmal am Tag von den Molkereien mit großen Tankzügen abgeholt.

Wenn die rohe, gekühlte Kuhmilch in der Molkerei abgeliefert wird, muss sie zuerst eine Reihe von Verfahren durchlaufen, bis sie schließlich zu Milchprodukten weiterverarbeitet wird:

1. Qualitätskontrollen
2. Separieren
3. Standardisieren
4. Wärmebehandlung
5. Homogenisieren.

1. Qualitätskontrollen

Die unbehandelte, frische Kuhmilch wird zuerst zahlreichen Qualitätsprüfungen unterzogen, deren Ziel es ist, dem Verbraucher eine stets gleich bleibende Qualität zu gewährleisten. Erst wenn die nötigen Qualitätsprüfungen abgeschlossen sind, kann zum nächsten Schritt, zur Be- und Verarbeitung der Rohmilch, übergegangen werden.

2. Separieren

Unter Separieren (lat. *separare* = trennen) versteht man einen Scheidevorgang. Im Separator – dem Gerät, in dem sich die Zentrifuge befindet – wird die Magermilch vom Rahm getrennt. Die Fliehkräfte, die in der Zentrifuge wirken, lassen die Milch nach außen wandern, der leichte Rahm indes bleibt im Inneren. Das Separieren bewirkt auch eine Reinigung der Milch. Mikroorganismen und Schmutzrückstände, d. h. Schwebstoffe, die von einem nicht ganz sauberen Kuheuter herstammen können, werden ausgesondert.

TEURES MELKEN
Früher mussten die Bauern ihre Kühe mühsam Tag für Tag mit der Hand melken. Heute haben hochmoderne Melkmaschinen diese Aufgabe übernommen. Allerdings sind diese Hightechgeräte in der Anschaffung nicht gerade billig: Zwischen 35 000 und 50 000 Euro muss man dafür schon lockermachen.

Milch – das »weiße Gold«

Frisch gemolkene Milch wird in den Molkereien einer Reihe von Behandlungen unterzogen, bevor sie verkauft werden kann.

ROH- UND VORZUGSMILCH
Rohmilch, d. h. nicht erhitzte Milch, kann man direkt beim Bauern kaufen. Vorzugsmilch ist die einzige Milchsorte, die im rohen Zustand in den Handel gebracht wird. Sie ist von besonders guter Qualität und stellt hohe Anforderungen an den Erzeugerbetrieb.

3. Standardisieren

Der Fettgehalt der Milch wird durch Zusammenführen der Magermilch mit einem Rahmanteil eingestellt. Durch diesen Vorgang, Standardisierung genannt, werden unterschiedliche Fettgehaltsstufen hergestellt. Die Standardisierung in der Molkerei erfolgt gemäß den für Trinkmilch zulässigen Handelsformen und gesetzlichen Bestimmungen.

• **Vollmilch:** Vollmilch hat einen naturbelassenen Fettgehalt von 3,7 Prozent oder mehr. Der Fettgehalt unterliegt jahreszeitlichen Schwankungen, was durch die Fütterung bedingt ist. Im Winter kann er über 4 Prozent liegen.

• **Rohmilch:** Vollmilch wird auf einen Fettgehalt von 3,5 Prozent standardisiert.

• **Fettarme Milch:** Vollmilch wird auf eine niedrige Fettstufe von etwa 1,5 bis 1,8 Prozent entrahmt.

• **Magermilch:** Vollmilch wird auf einen minimalen Fettgehalt von maximal 0,3 Prozent entrahmt.

4. Wärmebehandlung

Wird Rohmilch in Molkereien zu Trinkmilch, Frischkäse und anderen Milchprodukten verarbeitet, so muss sie laut

Gesetz erhitzt werden. Dies gilt auch für Milch zur Herstellung von Joghurt, Quark und den meisten Käsesorten, was aber nicht deklarationspflichtig ist. Rahm für Schlagrahm, Butter und andere fette Produkte muss – so will es das Gesetz – auch erhitzt werden. Eine wirklich gründliche Wärmebehandlung, mit der eine ausreichende Abtötung von Krankheitserregern erreicht wird, kann nur in der industriellen Verarbeitung durchgeführt werden.

Man unterscheidet drei Wärmebehandlungsverfahren:
- Pasteurisieren: Die Milch durchfließt hier innerhalb von 15 bis 30 Sekunden dünne Röhrchen, wobei sie auf 72 bis 75 °C erhitzt wird.
- Ultrahocherhitzen: Erwärmung für mindestens eine Sekunde auf 135 °C.
- Sterilisieren: Erwärmung etwa 10 bis 30 Minuten lang bei 110 bis 120 °C.

5. Homogenisieren

Nach der Wärmebehandlung wird die Milch in den meisten Fällen homogenisiert. Homogenisierte Milch schmeckt vollmundiger, ist besser verdaulich und sieht darüber hinaus auch optisch besser aus. Die Milch wird durch eine gleichmäßig feine Zerteilung der Fetttröpfchen vor dem Aufrahmen geschützt. Ist dieses Verfahren zur Anwendung gekommen, muss es auf der Verpackung stehen. Der Verbraucher soll schließlich wissen, was er kauft.

WÄRME-BEHANDLUNG
Nur durch eine Wärmebehandlung wird gewährleistet, dass nahezu alle Krankheitserreger abgetötet werden. Kritiker sehen jedoch einen Zusammenhang zwischen dem Homogenisieren und der Zunahme von Milchallergien.

Frisch von der Kuh

Als Rohmilch wird die Milch bezeichnet, die nicht erhitzt oder behandelt worden ist. Rohmilch ist nur ein bis zwei Tage haltbar. Für die Weiterverarbeitung von Rohmilch im Haushalt ist Folgendes anzumerken: Die industrielle Wärmebehandlung, das Pasteurisieren und Ultrahocherhitzen, ist für die Milch schonender als Sterilisieren und Abkochen. Wer dennoch frische Rohmilch verwenden möchte, sollte diese 20 bis 30 Minuten bei 65 °C erhitzen. Diese »Heimpasteurisierung« ist die beste und sicherste Methode, um Bakterien abzutöten.

Die Milch – ein Schluck Lebenskraft

MILCHALLERGIE

Wer an einer Milchallergie leidet, muss auf viele wertvolle Ernährungsstoffe verzichten, deren Fehlen er kaum kompensieren kann. Manchmal ist Ziegenmilch eine Alternative, da diese oft besser vertragen wird.

Eine Folge unseres modernen Lebensstils sind Zivilisationskrankheiten, die sich immer mehr und rascher ausbreiten. Unsere Lebensumstände und Ernährungsgewohnheiten haben sich in den letzten Jahrzehnten drastisch geändert. Die Probleme, die daraus resultieren, sind nur allzu bekannt: Allergien, Übergewicht, allgemeine Mangelerscheinungen. Ein Weg zum lebenslangen Sich-wohl-Fühlen heißt: gesunde Ernährung.

Milch und Milchprodukte sind durch ihre wertvollen Inhaltsstoffe Garanten für eine gesunde Ernährung. Einseitige Ernährung kann zu Nährstoffmangel führen, deshalb sollte sich eine ausgewogene Ernährung stets aus folgenden vier Hauptgruppen zusammensetzen:

- Eiweiß
- Fette
- Kohlenhydrate
- Vitamine und Mineralstoffe.

Auf Ihrem Speiseplan sollte daher Folgendes stehen:

- Fisch und Eier (wenig Fleisch)
- Milch und Milchprodukte
- Kartoffeln und Getreideprodukte
- Gemüse und Obst.

Milch hat's in sich – aber was genau?

Milch ist ein Energiespender, der aus Spurenelementen, Mineralstoffen und vor allem Vitaminen besteht. Ein Liter Vollmilch beispielsweise enthält ca. 3,4 Prozent Milcheiweiß, ca. 3,5 Prozent Milchfett (naturbelassener Fettgehalt ist höher als 3,5 Prozent) und ca. 4,7 Prozent Milchzucker. Um Energie zu tanken und auch, um Ihrem Darm die Arbeit ein bisschen zu erleichtern, sollte das Frühstück stets mit Milch oder Milchprodukten beginnen. Die physischen und psychischen Kräfte werden mobilisiert, und der Tag beginnt kraftvoll.

Lebenswichtiges Milcheiweiß

Milcheiweiß ist für unseren Organismus lebenswichtig. Ein Liter Vollmilch enthält ca. 3,4 Prozent Milcheiweiß.
Milch verfügt über sehr wichtige Enzyme, die den Magen vor Übersäuerung schützen und für eine gute Verdaubarkeit des Milcheiweißes sorgen.

Ohne Kalzium sieht's schlecht aus

Kalzium ist ein unentbehrlicher Mineralstoff, der für das Knochenwachstum wesentlich ist und eine bedeutende Rolle bei der Dichte des Knochengerüsts und der gesunden Zahnsubstanz spielt. Wer keine Milch trinkt, sollte unbedingt Milchprodukte zu sich nehmen. Vor allem Babys und Kleinkinder brauchen Kalzium zum Wachsen.
Für ältere Menschen ist Kalziummangel sehr gefährlich, denn dadurch können mit der Zeit die knöchernen Wirbelkörper porös werden – die Folge: Der Rücken krümmt sich. Die Krankheit Osteoporose führt zu einer unzureichenden Bildung oder zum Schwund der Knochensubstanz – mit anderen Worten: Die Knochen brechen schneller. Die Ernährungswissenschaft hat herausgefunden, dass Milch der Hauptlieferant für Kalzium ist. Im Falle einer Kuhmilchallergie müssen Sie darauf achten, dass Sie Ihren Körper anderweitig ausreichend mit Kalzium versorgen. Eine Alternative ist hier Sojamilch. Weitere Kalziumlieferanten sind beispielsweise Mandeln, Sesamsamen, Haselnüsse, rohe Gartenkresse, Schnittlauch und Oliven.

KALZIUM-SPEICHER
Der menschliche Organismus legt in der Kindheit einen Kalziumspeicher an, von dem er in der Wachstumsphase und im Erwachsenenalter zehrt. Ein Kalziummangel in der Kindheit kann später schwere Folgen haben.

Kalzium – bitte täglich

Empfohlene Kalziumaufnahme pro Tag (laut der Deutschen Gesellschaft für Ernährung):

- Säuglinge 500 mg
- Kleinkinder und Kinder 600 – 1000 mg
- Jugendliche und Erwachsene 800 – 1200 mg.

Milch – das »weiße Gold«

Laktose, der Zucker in der Milch

LAKTOSE-INTOLERANZ
Leute mit dieser Milchunverträglichkeit vertragen im Allgemeinen fermentierte Milchprodukte wie Käse, Butter und Sahne, da diese nahezu keinen Milchzucker enthalten. Bei Käse wird der Milchzucker durch die Fermentierung aufgespalten, und in Butter ist überwiegend Milchfett enthalten.

Milchzucker wird im Körper von Milchsäurebakterien des Darms in Traubenzucker (Glukose) und Galaktose gespalten. Der Körper kann den Traubenzucker schnell verdauen, und dem Organismus wird somit schnell Energie zugeführt. Die Spaltprodukte wirken sich zudem positiv auf die Darmflora aus. Reines Milchzuckerpulver, das in Reformhäusern erhältlich ist, ist für Babys und auch für Erwachsene bei Verdauungsproblemen zu empfehlen, falls keine Milchallergie vorliegt.

Milchfett

Milchfett ist ein hochwertiger und idealer Energiespender. Die winzigen Fettkügelchen in der Milch haben einen sehr niedrigen Schmelzpunkt. Sie verflüssigen sich schon bei Körpertemperatur, das Milchfett liegt daher nicht schwer im Magen und wird sofort in Energie umgesetzt.

Lezithine

Lezithine (griech. *lekithos* = Eigelb) sind in kleineren Mengen in Milch, Buttermilch und Butter vorhanden. Lezithine befinden sich außerdem im Eidotter und in Fischrogen. Auch Hülsenfrüchte wie Sojabohnen, Lupinen, Erbsen, Linsen und Bohnen enthalten Lezithine. Diese sind meist chemisch an Eiweiß gebunden und am Aufbau der Zellmembran beteiligt. Auch im Gehirn und sogar im Blut sowie in den Nerven finden sich Lezithine. Lezithine sind empfehlenswert bei Erschöpfungs- und Schwächezuständen und werden daher während der Rekonvaleszenz verordnet.

Vitamin A

Unter den wertvollen Vitaminen, die die Milch vorweisen kann, ist das Vitamin A besonders hervorzuheben. Vitamin A, bekannt als das Augenvitamin, baut in der Netzhaut den Sehpurpur auf und ist für die Stärkung der Sehkraft zuständig. Vitamin A wird nur teilweise direkt vom Körper aufgenommen. Dem Organismus wird es hauptsächlich in Form einer Formstufe, als so genanntes Beta-Karotin, zugeführt. Erst im Körper wird es dann in das Vitamin umgewandelt.

Die wichtigsten Nährstoffe auf einen Blick

Nährwerttabelle für Milch und Milchprodukte

Nährstoffgehalt pro 100 g Milch bzw. Milchprodukt	kcal	kJ	Fett in g	Pro-tein in g	Kohlen-hydrate in g	Kal-zium in mg	Vitamin A in µg	Vitamin B2 in µg	Vitamin B12 in µg
Vollmilch (3,8 % Fett)	67	278	3,8	3,3	4,8	120	40	170	0,5
Vollmilch, pasteurisiert	64	267	3,5	3,3	4,8	120	40	170	0,5
H-Milch (3,5 % Fett)	64	267	3,5	3,3	4,8	120	40	170	0,5
Fettarme Milch (1,5 % Fett)	47	195	1,5	3,4	4,9	120	20	170	0,5
Entrahmte Milch, Magermilch (0,1 % Fett)	35	144	0,1	3,4	5,0	120	—	180	0,5
Dickmilch aus Vollmilch	64	265	3,5	3,3	4,0	120	40	170	0,5
Fettarme Dickmilch	46	194	1,5	3,4	4,1	120	20	170	0,5
Saure Sahne (10 % Fett)	118	493	10,0	3,1	3,3	110	110	190	0,5
Sauerrahm (20 % Fett)	206	860	20,0	2,8	3,0	100	220	170	0,5
Crème fraîche	292	1220	30,0	2,5	2,4	80	330	150	0,4
Crème double	418	1750	43,1	3,1	4,5	70	470	130	0,3
Vollmilchjoghurt	64	265	3,5	3,3	4,0	130	40	170	0,5
Fruchtjoghurt aus Vollmilch (3,1 % Fett)	95	398	3,1	2,9	13,3	110	30	180	0,4
Fettarmer Joghurt	46	194	1,5	3,4	4,1	130	20	170	0,5
Fettarmer Frucht-joghurt (1,3 % Fett)	80	333	1,3	3,0	13,4	110	10	190	0,4
Magermilchjoghurt (0,1 % Fett)	34	143	0,1	3,4	4,2	140	—	180	0,5
Kefir aus Vollmilch	64	265	3,5	3,3	4,0	120	40	170	0,5
Fettarmer Kefir (1,5 % Fett)	46	194	1,5	3,4	4,1	120	20	170	0,5
Reine Buttermilch	38	158	0,6	3,5	4,0	110	10	160	0,2
Schlagsahne	293	1225	30,0	2,5	3,2	80	330	150	0,4
Schlagsahne extra	345	1445	36,0	2,3	3,0	80	400	140	0,4
Magerquark	70	293	0,2	12,3	4,1	120	—	300	1,0
Speisequark (20 % F. i. Tr.)	100	418	4,4	10,8	3,6	120	50	290	1,0
Speisequark (40 % F. i. Tr.)	144	602	10,3	9,0	3,2	110	110	270	0,8
Körniger Frischkäse	100	417	5,0	10,0	3,0	80	60	240	1,0

Die richtige Milch für die Hauskäserei

MILCH-BEARBEITUNG
Je weniger Milch bearbeitet ist, umso ursprünglicher ist die Qualität. Das Homogenisieren ist völlig unnütz. Zwar sieht homogenisierte Milch schön aus und rahmt nicht auf, aber gerade die natürliche Aufrahmung ist ein Qualitätsmerkmal.

Nicht jede handelsübliche Milch eignet sich für die Herstellung hausgemachter Milchprodukte und Käsesorten. Prinzipiell sollte, wenn schon die Naturbelassenheit der Produkte im Mittelpunkt steht, die Grundzutat Milch von hervorragender Qualität sein. Hervorragende Qualität heißt: unbehandelte, naturbelassene Milch – Rohmilch oder Vorzugsmilch.

Frische Rohmilch ab Hof muss in jedem Fall abgekocht werden. Beim Abkochen zu Hause verliert die Milch jedoch weitaus mehr Vitamine als durch die Kurzzeiterhitzung, das Pasteurisieren, in der Molkerei (siehe Seite 12).

Wenn Roh- oder Vorzugsmilch bei Ihnen nicht erhältlich ist, sollten Sie zumindest Vollmilch verwenden. Allerdings bieten nur sehr wenige Molkereien Vollmilch mit naturbelassenem Fettgehalt, also nicht homogenisiert, an: meist Betriebe, die nach ökologischen Richtlinien arbeiten.

H-Milch sollten Sie möglichst nicht verwenden. Sie wurde so behandelt, dass die Industrie und letztendlich auch der Verbraucher diese Milch lange und ohne Kühlung lagern können.

Ganz abgesehen davon, dass H-Milch schal schmeckt, sind durch die Haltbarmachung nahezu alle wertvollen Nährstoffe vernichtet worden.

Milchempfehlung

Kaufen Sie in einer Molkerei, im Reformhaus oder Naturkostladen Ihres Vertrauens frische Vorzugsmilch. Sie ist zwar, wie die Rohmilch direkt ab Hof, nur ein bis zwei Tage haltbar, wird aber nach strengsten Hygienevorschriften begutachtet und nur von anerkannten Vorzugsmilchbetrieben in die Geschäfte geliefert. Diese Betriebe müssen besonders hohen Anforderungen standhalten: Tiergesundheit und Milchhygiene unterliegen ständigen Qualitätskontrollen. Die Milch muss sofort nach der Erzeugung am Herstellungsbetrieb verpackt werden. Somit ersparen Sie sich Spekulationen, ob die Rohmilch, die Sie ab Hof gekauft haben, wirklich mikrobiologisch einwandfrei ist.

Rezepte mit Milch

In den folgenden Kapiteln zeigen wir Ihnen viele Feinschmeckerrezepte, die alle mit selbst gemachten Milchprodukten zubereitet werden.

Auch mit Milch pur lässt es sich köstlich kochen. Lassen Sie sich von den folgenden – ausgefallenen und bewährten – Milchrezepten auf den Geschmack bringen.

SCHOKOCREME MIT WHISKEY

Zutaten für 4 Portionen

1/2 l Vollmilch
5 Blätter weiße Gelatine
2 frische Eier, getrennt
60 g Zucker
5 cl Whiskey
100 g Vollmilchkuvertüre
100 ml Sahne

Für die Garnitur

Etwa 8 Schokoladen-whiskeybohnen

Zubereitung

1 Die Milch kurz in einem Topf aufkochen und vom Herd nehmen.
Die Gelatine zum Einweichen in kaltes Wasser legen. Wasser in einem Topf erhitzen.

2 In einer hitzefesten Schale die Eigelbe mit Zucker schaumig rühren.

3 Die Schale in den Topf mit Wasser legen und die Milch einrühren. Einige Minuten weiter rühren.

4 Die eingeweichte Gelatine ausdrücken und in der Eiermilch auflösen.

5 Mit Whiskey abschmecken und kurz in den Kühlschrank stellen.

6 In der Zwischenzeit die Kuvertüre auf einer Reibe raspeln.

7 Das Eiweiß zu steifem Schnee und die Sahne steif schlagen.

8 Die abgekühlte Creme aus dem Kühlschrank nehmen.

9 Schokoraspeln, Eischnee und geschlagene Sahne unterziehen.

10 In Portionsschalen füllen und mit Whiskeybohnen garnieren.

11 Bis zum Servieren etwa zwei Stunden gut durchkühlen lassen.

FEINSCHMECKER-TIP

Wichtig ist, dass die Schokocreme gut durchgekühlt ist, bevor Sie sie servieren – dann schmeckt sie besonders lecker!

Vanilletraum mit Ananasspiess

Zutaten für 1 Portion
1/5 l Vollmilch
2 Kugeln Vanilleeis
100 g Ananasecken
1 langer Holz- oder Cocktailspieß

Zubereitung
1 In einem Mixer die Milch mit dem Vanilleeis kräftig durchmixen und aufschäumen.
2 In ein hohes Glas gießen.
3 Die Ananasecken auf den Spieß stecken und diesen in das Glas tauchen.
4 Sofort verzehren!

Kürbissuppe

HAUSHALTSTIP
Kaufen Sie nach Möglichkeit den Kürbis frisch vom Markt, damit das Fruchtfleisch schön zart ist und besonders fruchtig schmeckt!

Zutaten für 4 Portionen
1 kg frisches Kürbisfleisch
1 Zwiebel
2 EL Butter
1 EL Zucker
1/2 l Milch
250 ml Sahne
Salz
Schwarzer Pfeffer aus der Mühle
1 Prise Nelkenpulver
1 Prise gemahlene Muskatnuss
4 EL geschlagene Sahne
2 EL Kürbiskerne

Zubereitung
1 Das Kürbisfleisch von den Kernen und den Schalen befreien und in kleine Würfel schneiden. Die Zwiebel schälen und fein würfeln.
2 Die Butter in einem größeren Topf heiß schäumend erhitzen.
3 Die Zwiebelwürfel darin glasig andünsten und den Zucker darüber streuen.
4 Unter ständigem Rühren das Kürbisfleisch einige Minuten andünsten, Milch und Sahne einrühren.
5 Mit Salz sowie Pfeffer und den Gewürzen pikant abschmecken.
6 Das Kürbisfleisch etwa 20 Minuten lang bei mittlerer Hitze weich kochen.
7 Die Kürbissuppe in der Küchenmaschine oder mit dem Pürierstab pürieren.
8 In vorgewärmte Teller gießen, mit Sahnehäubchen garnieren und darauf die Kürbiskerne streuen.

Suppe, Desserts und Getränke

KASTANIENSPAGHETTI AUF KIRSCHKOMPOTT

Zutaten für 4 Portionen

250 g geschälte Maronen

1/4 l Milch

250 ml Sahne

60 g Zucker

1/2 Päckchen Vanillezucker

500 g Kirschkompott

Für die Garnitur

Frische Minzeblättchen

Puderzucker zum Bestäuben

Zubereitung

1 Die Maronen mit Milch, Sahne, Zucker und Vanillezucker in einem Topf verrühren.

2 Auf den Herd stellen und die Maronen in etwa 20 Minuten bei mittlerer Hitze weich kochen.

3 Den Topfinhalt in einen Küchenmixer füllen und zu feinem Mus pürieren.

4 Das Kirschkompott in vier tiefe Teller verteilen.

5 Das Kastanienmus durch eine Spätzlepresse pressen.

6 Alles auf den Kompottportionen hübsch anrichten.

7 Mit Minzeblättchen dekorieren und mit Puderzucker bestäuben.

BANANENSHAKE MIT KOKOS

Zutaten für 2 Portionen

3 Bananen

2 EL Sanddornsaft

1 TL brauner Zucker

2/5 l Milch

Saft von 1/2 Zitrone

1 Mandarine

2 lange Holz- oder Cocktailspieße

50 g Kokosraspel

Zubereitung

1 Die Bananen schälen.

2 Zwei davon klein schneiden und zusammen mit dem Sanddornsaft, dem Zucker und der Milch in den Mixer geben.

3 Die dritte Banane in Scheiben schneiden und mit Zitronensaft beträufeln.

4 Die Mandarine schälen und in Spalten teilen.

5 Die Bananen- und Mandarinenstücke abwechselnd auf die Spieße stecken.

6 In jedes Glas zwei Eiswürfel geben und die Spieße in die Bananenstücke stecken.

7 Die Bananenmilch im Mixer kräftig aufschäumen und in die vorbereiteten Gläser füllen.

8 Nach Belieben mit Kokosraspel bestreuen.

VARIATIONS-MÖGLICHKEIT

Statt der Mandarine können Sie auch eine oder zwei süße Kiwis verwenden. Der Vitamingehalt bleibt gleich hoch.

BEERENSTARKER MILCHSHAKE

TIEFKÜHLKOST
Falls Sie keine guten frischen Beeren bekommen, können Sie auch tiefgekühlte verwenden. Wichtig ist nur, dass sie nicht wässrig schmecken.

Zutaten für 2 Portionen

250 g gemischte Beeren:
Heidelbeeren,
Himbeeren,
Erdbeeren
(auch eingelegte Beeren)

1/2 l Milch

1 Päckchen Vanillezucker

1 EL Ahornsirup
(ersatzweise Zucker)

Für die Dekoration

4 schöne große Erdbeeren

Zubereitung

1 Heidelbeeren, Himbeeren und Erdbeeren waschen und in den Mixer geben.
2 Mit Milch aufgießen und Vanillezucker sowie Ahornsirup beigeben.
3 Die Beerenmilch kräftig aufmixen und in Gläser füllen. Erdbeeren waschen, an den Spitzen einschneiden und so zur Dekoration an die Glasränder stecken.

SÜSSER MILCHREIS

Zutaten für 4 Portionen

300 g Rundkornreis

1 l Milch

100 g Zucker

1 Stange Bourbonvanille

1 Prise Salz

Eingelegte Pflaumen

Zubereitung

1 Den Reis unter kaltem Wasser gründlich waschen.
2 Die Milch mit dem Reis, Zucker, dem Mark der Vanilleschote und Salz in einem Topf verrühren.
3 Den Topfinhalt langsam zum Kochen bringen und dann die Hitze reduzieren.
4 Den Reis unter häufigem Rühren in knapp 30 Minuten fertig garen.

5 Den Milchreis in Schälchen verteilen und dazu verschiedene Sorten Kompott oder eingelegte Pflaumen reichen.

Milchshakes und Milchsuppe

MILCHEIERLIKÖR

Zutaten für 2 Portionen

2 frische Eier, getrennt
1 EL Zucker
1/4 l Milch
5 cl Weinbrand

Zubereitung

1 Das Eiweiß zu steifem Schnee schlagen und bis zum Gebrauch in den Kühlschrank stellen.

2 Im Küchenmixer die Eigelbe mit Zucker schaumig rühren und die Milch zugießen.

3 Die Masse kräftig aufschlagen und mit dem Weinbrand abschmecken.

4 Den Eischnee unter die Eiermilchmischung ziehen und in zwei bereitgestellte Gläser füllen.

MILCHSUPPE MIT KÄSE

Zutaten für 4 Portionen

2 Schalotten
1 Knoblauchzehe
50 g Butter
30 g Mehl
3/4 l Milch
250 ml Sahne
100 g Schmelzkäse
50 g Allgäuer Bergkäse, gerieben
Salz
Schwarzer Pfeffer aus der Mühle
Gemahlene Muskatnuss

Zubereitung

1 Die Schalotten und die Knoblauchzehe schälen und fein würfeln.

2 In einem Topf die Butter heiß schäumend erhitzen und darin die Schalotten und die Knoblauchzehe andünsten.

3 Mit Mehl bestäuben, kurz durchrühren und mit Milch aufgießen. Die Milchsuppe etwa fünf Minuten durchkochen und anschließend durch ein Sieb passieren.

4 Erneut erhitzen und Sahne, Schmelzkäse und den geriebenen Käse in die Suppe einrühren.

5 Den Herd zurückschalten, so dass die Suppe nicht mehr kocht. Mit den Gewürzen abschmecken und sofort servieren.

VARIATIONS-MÖGLICHKEIT

Statt Allgäuer Bergkäse können Sie auch einen anderen geriebenen Käse Ihrer Wahl nehmen – allerdings sollte er würzig sein, damit die Suppe einen deftigen Geschmack bekommt.

Butter, Buttermilch, Sahne

Das Wort Butter stammt vom lateinischen Wort »butyrum« ab, was übersetzt so viel wie Kuhquark bedeutet. Beim Buttern, dem Schlagen der gesäuerten Milch, entsteht die Buttermilch – daher ursprünglich ein Abfallprodukt, das ernährungsphysiologisch jedoch sehr wertvoll ist.

Aus Milch wird Butter

Die Buttergewinnung ist ein uraltes Verfahren. Noch bevor die alten Römer der Butter den Namen »Kuhquark« gaben, war Butter als Nahrungsmittel bekannt. Auf einem Mosaik aus der Zeit der Sumerer um 3000 v. Chr. sind kräftige Männer abgebildet, die mit so genannten Stößeln in großen Fässern Butter stampfen. Das Prinzip ist heute noch das gleiche, wenn auch maschinell sehr vereinfacht. Butter ist im Grunde ein Konzentrat aus Milchfett, das durch Separieren – also Trennung des Rahms von der Milch – und Zentrifugieren aus dem Rohstoff Milch gewonnen wird. Zur Gewinnung des Milchfetts wird Rohmilch so lange geschleudert, bis sich die schwere Milch vom leichten Rahm getrennt hat. Danach wird der Rahm geschlagen, bis sich die Fettkügelchen zu Klumpen formieren bzw. sich zu einer Fettmasse – zur Butter – weiterentwickeln. Die Flüssigkeit, die Buttermilch, fließt ab. Aus dem Rahm lassen sich drei Buttersorten herstellen.

Süß oder sauer?

1. Süßrahmbutter aus nicht gesäuertem Rahm
Der Rahm wird erhitzt, abgekühlt und reift ohne Milchsäurebakterien.

2. Sauerrahmbutter aus gesäuertem Rahm
Zur Herstellung von Sauerrahmbutter wird der Rahm erhitzt, abgekühlt und im Rahmreifer durch Zugabe von Buttereikultur gesäuert. Der gesäuerte Rahm wird dann im Butterfertiger, einem liegenden, sich drehenden Fass- oder Stahlzylinder, zu Schaum geschlagen. In dieser Phase klumpen die Kügelchen zusammen.

3. Mild gesäuerte Butter
Seit 1989 ist mild gesäuerte Butter gesetzlich zugelassen – ein Kompromiss zwischen Süßrahm- und Sauerrahmbutter. Zur Herstellung von mild gesäuerter Butter wird nach dem

BUTTER
Butter besteht aus etwa 15 Prozent Wasser, maximal 0,8 Prozent Eiweiß, 0,7 Prozent Milchzucker und Spuren von Salzen.
In Deutschland beträgt der jährliche Verbrauch ca. sechs Kilogramm pro Kopf.

Butter, Buttermilch, Sahne

Buttern des süßen Rahms ein Säurekonzentrat eingeknetet. Frisch ist die Butter sehr mild, erst nach einigen Tagen entwickelt sie ein Sauerrahmaroma.

BVO-Butterverordnung

Nach der Butterverordnung muss Butter einen Fettgehalt von mindestens 82 Prozent aufweisen, und der Wassergehalt darf 16 Prozent nicht überschreiten.

Warum Butter gesund ist

SAUER- UND SÜSSRAHMBUTTER
Sowohl Sauer- als auch Süßrahmbutter kommen leicht gesalzen auf den Markt. Sauerrahmbutter erhält durch säuernde Bakterien ein nussartiges Aroma

Butter bildet einen wesentlichen Beitrag in unserer Ernährungskette. Sie enthält wichtige Inhaltsstoffe wie Eiweiß, Fett, Wasser, Lezithin sowie die Vitamine A, B, D und E. Sie ist darüber hinaus leicht bekömmlich, weil sich das Milchfett aus überwiegend kurzkettigen Fettsäuren zusammensetzt und daher sein Schmelzpunkt sehr niedrig ist. Bereits bei Körpertemperatur verflüssigt sich die Butter und lässt sich so gut verdauen.

Allerdings ist auch Vorsicht beim Braten angebracht: Lebensmittelchemiker haben festgestellt, dass sich der Wasseranteil aus der Butter bei sehr hohen Temperaturen verflüchtigt und sich bestimmte Fette abspalten, die im menschlichen Organismus giftige Verbindungen eingehen. Deshalb ein Tip an Gesundheitsbewusste: Beim Braten entweder Butterschmalz oder reines Pflanzenfett verwenden.

Für so genannte Biobutter, die nur von wenigen Molkereien erzeugt wird, wird ausschließlich kontrolliert biologische Milch verwendet.

26

Früher, als man die ernährungspyhsiologischen Hintergründe noch nicht kannte, wurde die Butter mystifiziert. Sie sollte Glück und Segen bringen. Darüber hinaus wurden ihr sogar geheime Kräfte zugeschrieben – wohl deshalb gestaltete man sie phantasievoll mit Ornamenten, in Löckchen, Kugeln, Rosetten und Würfeln.

Königliche Butter

Wussten Sie, warum die Butter in Österreich Teebutter heißt? Im Jahre 1906 bekam Österreich den Auftrag, für das englische Königshaus eine besonders gut abgestimmte Butter für den Nachmittagstee vorzustellen. Die Österreicher stellten eine wohlschmeckende Butter her, die den Briten mundete – und seither heißt die Butter auch in Österreich Teebutter.

Die Handelsklassen der Butter

Gemäß einer amtlichen Qualitätsprüfung lassen die Molkereien ihre Butter nach Aussehen, Geschmack, Geruch, Wasserverteilung, Textur, Streichfähigkeit und Säuerungsgrad prüfen. Jede dieser Eigenschaften kann mit bis zu vier Punkten bewertet werden. Das amtliche Gütesiegel mit dem Namen des jeweiligen Bundeslandes sowie der Überwachungsstelle erscheint mit einem ovalen Siegel auf dem Butterpapier der Qualitätsbutter.

Jeder Betrieb, der Markenbutter in den Handel bringen möchte, muss zuerst die Berechtigung für die Buttermarke erlangen. Regelmäßige amtliche Prüfungen stellen die gleich bleibende Qualität sicher. Fällt ein Betrieb mehrmals durch, wird die Buttermarke entzogen.

BUTTER-VERORDNUNG
Die Butterverordnung sorgt für den Qualitätsschutz der Butter. Sie regelt die Herstellung und die Zulässigkeit der Kennzeichnung mit den Handelsnamen.

● Deutsche Markenbutter: Diese Bezeichnung erhält Butter, die in der amtlichen Qualitätsprüfung für jede Eigenschaft vier Punkte erhalten hat.
● Deutsche Molkereibutter: Diese Bezeichnung erhält Butter, die aus Sahne oder Molkensahne hergestellt worden ist und in der Prüfung für jede Eigenschaft mindestens drei Punkte erhalten hat.

Butter, Buttermilch, Sahne

Die Haltung der Kühe und die Art ihres Futters sind wesentlich für die Qualität der Butter.

Was muss auf der Verpackung stehen?

VERBRAUCHER-SCHUTZ-VERORDNUNG

Laut der amtlichen Verbraucherschutzverordnung müssen Angaben zu Herkunft, Überwachungsstelle, Zusatzstoffen, Geschmacksrichtung, Haltbarkeit usw. auf der Verpackung stehen.

Folgende Angaben sind gesetzlich definiert:
1. Verkehrsbezeichnung: Deutsche Markenbutter, Deutsche Molkereibutter, Butter.
2. Buttersorte: Sauerrahmbutter, Süßrahmbutter oder mild gesäuerte Butter.
3. Gewicht: Amtliche Qualitätskontrolle des Landes.
4. Überwachungsstelle: Deutsches Gütesiegel mit dem Bundesadler z. B. bei Deutscher Markenbutter.
5. Inhaltsstoffe: Erlaubte Zusatzstoffe in Butter sind Speisesalz, Milchsäure und Farbstoff Beta-Karotin (Vitamin-A-Vorstufe).
6. Die Angabe »gesalzen« bedeutet, dass der Salzgehalt höher als 0,1 Prozent ist.
7. Mindesthaltbarkeitsdatum: Tag, Monat und Jahr müssen vermerkt sein. Der Aufdruck »gekühlt lagern« ohne nähere Temperaturangabe meint eine Kühlung bei 10 °C.
8. Name der Molkerei oder des Verkäufers.
9. Genusstauglichkeitskennzeichen.

Was ist Butterschmalz?

Butterschmalz ist fast wasserfreies Butterfett mit mindestens 99,8 Prozent Fettanteil. Das reine Fett hat den besonderen Geschmack der Butter, kann aber auf hohe Temperaturen erhitzt werden.

Bei der Herstellung von Butterschmalz wird Butter bei Temperaturen von 70 °C geschmolzen und das Fett von Wasser, Milcheiweiß sowie Milchzucker abgetrennt.

Das übrig gebliebene Butterfett mit einem Rest von Wasser wird nochmals erhitzt, und zwar auf ca. 100 °C, damit das restliche Wasser fast vollständig verdampfen kann; nur etwa 0,02 Prozent Wasser bleibt übrig.

Das Butterschmalz wird nach dem Abkühlen mit Luft aufgeschlagen, damit es anschließend weich und geschmeidig wird.

Was ist Milchstreichfett?

Fettreduzierte Buttersorten gehören zu den Milchstreichfetterzeugnissen.

Man unterscheidet:

- Dreiviertelfettbutter mit mindestens 60 Prozent und höchstens 62 Prozent Milchfettgehalt
- Halbfettbutter mit 40 bis 42 Prozent Fett.

ZUSATZSTOFFE
Bei Milchstreichfetterzeugnissen sind Zusatzstoffe wie z. B. eine Milchsäurebakterienkultur, Zitronensäure, Speisesalz, Gelatine und Trockenmilchpulver zugelassen.

Wie das Futter, so die Butter

Das Futter der Kühe entscheidet über die Qualität der Milch und somit auch über die Qualität der Butter. Da die Kühe im Sommer überwiegend auf den Weiden grasen, nehmen sie mit dem frischen Grünfutter Karotin mit auf, das sich farblich auf die Butter auswirkt. Die Sommerbutter hat deshalb im Gegensatz zur Winterbutter einen leichten Gelbton. Laut Überlieferungen aus dem 19. Jahrhundert wurde die farblose Winterbutter weniger geschätzt. Begründung: Die kräftige Farbe der Sommerbutter stehe für eine höhere Qualität als die der blassen Winterbutter. Ein Teil der Molkereien ging auf dieses Bedürfnis der Verbraucher ein und färbte die Butter. Heute ist man von dieser Schönfärberei abgekommen – inzwischen werden den Kühen Karotten zugefüttert, damit die Butter von vornherein gefärbt ist.

Butter – selbst gemacht

Um Butter selbst herzustellen, brauchen Sie nur Rohmilch (ein Liter ergibt etwa 100 Gramm Butter), Buttermilch, eine Schüssel, ein Handrührgerät – und ein bisschen Zeit.

Buttern von Hand

HAUSHALTSTIP
Um zu verhindern, dass der Rahm verdirbt, kann man ihn erhitzen. Noch besser ist es, schon die Ausgangsmilch zu erhitzen. Durch das Erhitzen verändert sich das Aufrahmen kaum.

1 Rahm absetzen lassen: Gießen Sie Rohmilch in eine möglichst breite Schüssel, damit Sie den sich auf der Oberfläche bildenden Rahm auf einer großzügigen Fläche abschöpfen können. Die Schüssel Rohmilch lassen Sie bei einer Temperatur zwischen 12 und 14 °C über Nacht stehen.

2 Rahm und Magermilch trennen: Schöpfen Sie die schaumige Rahmschicht mit einem Schaumlöffel ab. Sie können bei diesem Vorgang gar nichts falsch machen, denn der Unterschied zwischen der flüssigen Milch und dem lockeren Rahm ist sichtbar. Die restliche Milch entweder gleich trinken oder zur Herstellung von fettarmem Joghurt oder Quark verwenden.

3 Den Rahm ansäuern: Impfen Sie den geschöpften Rahm zum Säuern mit Milchsäurebakterien. Der bequemste Weg ist, den Rahm mit gesäuerter Buttermilch oder Dickmilch anzusetzen. Auf einen Liter Rahm einen viertel Liter Buttermilch verwenden. Alles gründlich verrühren und bei Zimmertemperatur stehen lassen. Nach etwa 22 bis 26 Stunden ist der Rahm dick und sauer.

4 Das eigentliche Buttern: Darunter versteht man das ausdauernde Schlagen oder Stampfen des dicken Rahms, bis sich die Fettkügelchen zu einer Masse verklumpen.

Als ich das erste Mal zu buttern versuchte, probierte ich es mit meinem elektrischen Handrührgerät, obwohl davon meist abgeraten wird. Ich glaube, dass die Laufgeschwindigkeit entscheidend ist: Möglichst die niedrigste Stufe einstellen und so lange rühren, bis sich Butterklümpchen bilden. Das kann bis zu 20 oder 30 Minuten dauern, je nachdem, wie viel Rahm Sie bearbeiten.

Selbst buttern

1 Die Schüssel mit der Rohmilch sollte 10 bis 18 Stunden stehen.

2 Trennen Sie anschließend die Milch vom Rahm.

3 Impfen mit Milchsäurebakterien, z. B. mit Buttermilch.

4 So lange buttern, bis sich Butterklümpchen bilden.

Butter, Buttermilch, Sahne

Professionell mit der Buttermaschine

BUTTERMASCHINE
Natürlich ist die Wahl des Gerätes abhängig von der Rahmmenge. Kleine Mengen von etwa einem Liter Rahm können in einfachen Geräten verarbeitet werden. Größere Mengen unbedingt in speziellen Butterrührgeräten, wie Butterrührgläsern oder Butterfässern, herstellen.

Das bessere Handwerkszeug ist natürlich eine eigens für die Butterherstellung konstruierte Buttermaschine. Sie müssen dann nicht stampfen, sondern an einer Kurbel drehen. Wenn Sie es noch einfacher haben möchten, besorgen Sie sich eine Luxusausführung mit eingebautem Motor; der Stromverbrauch ist minimal.

Welche Buttermaschine ist richtig?

Im Handel werden Buttermaschinen der unterschiedlichsten Größen, Preisklassen und Ausstattungen angeboten. Im Anhang finden Sie ein Händlerverzeichnis mit Bezugsadressen in ganz Deutschland. Damit Sie ungefähr wissen, wie Buttermaschinen ausgestattet sind, hier eine kurze Übersicht:

Die Haushaltsbuttermaschine hat einen sehr starken und robusten Motor als Antrieb. Das Getriebe ist vollkommen wartungsfrei und mit einer Dauerschmierung versehen. Die Rührwelle besteht aus Chrom-Nickel-Stahl und ist doppelt abgedichtet. Der robuste Rührer ist aus Buchenholz gefertigt. Das Rahmgefäß hat je nach Modell verschiedene Gesamtvolumen. Es ist unzerbrechlich und aus lebensmittelrechtlich zugelassenem Lupolen-Kunststoff hergestellt. Das Fassungsvermögen variiert zwischen einem und sieben Litern.

Wie funktioniert eine Handbuttermaschine?

Eine handbetriebene kleine Haushaltsbuttermaschine ist ein sehr nützliches Gerät. Die einfache Ausführung kostet etwa 150 Euro. Diese Ausgabe ist daher nur sinnvoll, wenn Sie die Buttermaschine regelmäßig benützen.

Zuerst füllen Sie den gesäuerten Rahm in die Buttermaschine ein. Während des Drehens der Kurbel lässt sich durch das eingebaute Schauglas der Butterungsvorgang gut von außen beobachten. Nach etwa 25 Minuten sind die Butterkörner von der Milch getrennt. Die Buttermilch kann durch den Ablasshahn ablaufen. Die Butterkörner müssen vor der Weiterverarbeitung gründlich gewaschen werden.

Schneebesen oder Butterbesen?

Noch ein Tip zum Buttern: Die Vorläufer des elektrischen Handrührgerätes waren Schneebesen mit einer Kurbel, die von Hand betrieben werden mussten. Ich habe das Glück, noch so ein altes Haushaltsgerät zu besitzen. Zum Buttern nehme ich einen Steinguttopf und fülle ihn mit dem dicken, gesäuerten Rahm. Dann tauche ich den Schneebesen ein und decke die Seiten mit Holzbrettchen ab, damit nichts herausspritzen kann.

Schmierig oder krümelig

Während des Butterns ist die Temperatur des Rahms wichtig, um eine qualitativ hochwertige Butter zu erhalten.
Beachten Sie bitte unbedingt, dass der verwendete Rahm im Sommer nicht wärmer als 12 °C sein darf. Wird der Rahm beim Buttern zu heiß, dann schmiert er. Im Winter gelten andere Gesetze: Der Rahm sollte dann auf keinen Fall kälter als 18 °C sein, sonst krümelt die Butter.

Wenn sich der Rahm nicht buttern lässt

Bei der Butterherstellung können verschiedene Einflüsse das Ergebnis beeinträchtigen:

1. Stimmt die Temperatur des Rahms nicht, dann können Sie lange schlagen, bis wenigstens erbsengroße Fettkügelchen entstehen. Hier kann Abhilfe geschaffen werden:
- Wenn der Rahm zu dick ist, einfach etwas Wasser während des Butterns einträufeln.
- Bei zu warmem Rahm muss etwas kaltes Wasser hinzugefügt werden.
- Bei zu kaltem Rahm einige Esslöffel warmes Wasser eingießen.

2. Bei der Herstellung von Butter mit einem elektrischen Handrührgerät kann die Konsistenz aufgrund der zu schnellen Rührbewegungen cremig werden. Dann einfach etwas kaltes Wasser darüber träufeln.

ERFAHRUNG
Da Milch ein lebendiges, veränderliches Produkt ist, läuft das Buttern immer etwas anders ab. Je nach Jahreszeit oder Reifezustand des Rahms dauert es länger oder kürzer, bis sich die Butterklümpchen bilden.

Trennen von Butter und Buttermilch

SALZZUSATZ
Der Zusatz von Salz macht Butter länger haltbar, weil Bakterien sich dann nur langsam ausbreiten können und die Butter daher nicht so schnell ranzig wird.

1 Buttermilch abgießen: Sobald die Fettkügelchen des Milchfettes – die Butterkörner – in der Schüssel oder in der Buttermaschine sichtbar werden, werden Buttermilch und Butterkörner getrennt. Die Butterkörner sollten etwa maiskorngroß sein.

Die Mischung dazu vorsichtig in ein Sieb gießen. Im Sieb bleiben die Butterkörner liegen, und die Buttermilch fließt in eine darunter bereitgestellte Schüssel ab. Die Buttermilch kühl stellen und je nach Belieben verwenden.

2 Reinigen der Butterkörner: Die Butterkörner unter fließendem, kaltem Wasser gründlich abspülen. Das ist sehr wichtig, um noch vorhandene Rückstände der Buttermilch abzuwaschen. Wenn Sie dies versäumen, wird die Butter durch die Restbuttermilch schneller ranzig.

Die Butter anschließend fünf Minuten gut durchspülen und dabei im Sieb kneten, damit Milchreste ausgepresst werden.

3 Verkneten der Klumpen: Die gründlich gewaschene Butter aus dem Sieb auf ein Holzbrett geben. Sie können der Butter nun etwas Salz zugeben. Die Butter schmeckt aber auch ohne Salz hervorragend. Die Butterklumpen mit der Hand fest verkneten. Dann am besten mit zwei kleinen Holzbrettern zusammenpressen.

4 Die Butter formen: Nach dem Butterkneten wird die Butter in Form gebracht. Dazu gibt es spezielle Buttermodel mit zig Möglichkeiten der Formgebung: rund, eckig, mit Figuren oder Mustern – ganz, wie es Ihnen gefällt.

Umgang mit Buttermodeln

Die klassischen Buttermodel sind aus Holz. Diese müssen vor Gebrauch mindestens fünf Minuten in heißem Wasser eingelegt werden. Danach mit kaltem Wasser abspülen, damit sich die Butter leichter von den Modeln löst. Die verknetete Butter in die Model drücken und darauf achten, dass keine Luftlöcher entstehen. Anschließend in den Kühlschrank stellen und möglichst innerhalb von fünf Tagen verbrauchen.

So trennen Sie Butter und Buttermilch

1 Gießen Sie die Buttermilch vorsichtig durch ein Sieb ab.

2 Die Butterkörner fünf Minuten gut mit Wasser durchspülen.

3 Verkneten Sie die Klumpen fest mit der Hand.

4 Formen Sie die Butter nach Ihren Vorstellungen.

Butter, Buttermilch, Sahne

Rahmsammeln

Im normalen Haushalt kauft man genau die Menge Milch, die für die Butterherstellung nötig ist. Auf kleinen Bauernhöfen mit ein, zwei Kühen oder Ziegen wird hingegen der Rahm von einigen Tagen zur Butterherstellung gesammelt.
Wenn Sie überschüssige Milch haben, füllen Sie sie zum Entrahmen in eine Schüssel. Der täglich gewonnene Rahm wird sofort mit entsprechenden Milchsäurebakterien (siehe Seite 30) angesäuert. Ist er dick geworden, wird der Rahm kühl gestellt. Nach zwei bis vier Tagen reicht die Rahmmenge aus, damit sich die Butterherstellung von der Menge her lohnt.
Der gesäuerte Rahm sollte vor dem Vermischen probiert werden. Gekippter Rahm ist ungeeignet – weg damit!

Konservierungstips

HAUSHALTSTIP
Je weniger Restwasser beim Herstellen in der Butter verbleibt, desto haltbarer ist sie.

Wenn Sie die Butter nicht jede Woche frisch herstellen möchten, gibt es folgende Möglichkeiten, wie Sie ein Ranzigwerden vermeiden können:

1. Eine größere Menge Butter herstellen und diese in haushaltsgerechten Portionen einfrieren. Auch nach dem Auftauen hat die Butter noch ihren guten Geschmack.

2. Einen Teil Butter sofort zu Grillbutter, Kräuterbutter usw. verarbeiten, in Portiönchen teilen und ebenfalls einfrieren.

3. Butter in Portionen teilen oder zu Rosetten und Kugeln formen. Diese in eine Schüssel mit kaltem Wasser legen und wie gewohnt im Kühlschrank aufbewahren. Allerdings muss das Wasser täglich gewechselt werden. Würde die Butter offen liegen, könnten die ständig arbeitenden Buttersäurebakterien die Butter schneller ranzig werden lassen, als Ihnen lieb ist.

4. Die Butter während des Knetvorganges salzen. Das Salz trägt wesentlich zur Haltbarkeit bei. Trotzdem sollten Sie unbedingt auf ausreichende Kühlung achten.

5. Bei der Herstellung von eigenen Milchprodukten sollten Sie generell, vor allem aber auch zur besseren Konservierung, unbedingt auf Sauberkeit achten. Am besten waschen Sie sich nach jedem Arbeitsgang die Hände. Außerdem sollte die Arbeitsfläche stets gut gereinigt sein.

Butter in Massen oder Maßen?

In der Ernährungsgruppe der tierischen Nahrungsmittel gehört Butter zu den kalorienreichsten. Prüfen Sie Ihre täglichen Essgewohnheiten etwas genauer, und lesen Sie einmal kritisch die angegebenen Inhaltsstoffe auf Packungen von Süßigkeiten, Kuchen, Pasteten- und Streichprodukten, Saucen und Suppen. Sie werden staunen, wie viel versteckte Butter Sie am Tag verzehren.

Für cholesterinbewusste Verbraucher ist eine maßvolle Butteraufnahme wichtig. Aber auch Menschen, die auf ihre Gesundheit und Figur achten, sollte die Menge an Butter, die sie zu sich nehmen, wichtig sein.

Ein Auszug aus der Kalorientabelle

100 g Sauer- oder Süßrahmbutter hat 773 kcal/3230 kJ, 82,5 g Fett und 230 mg Cholesterin.

100 g Halbfettbutter hat 398 kcal/1665 kJ, 40 g Fett und 113 mg Cholesterin.

100 g Kräuterbutter hat 598 kcal/2510 kJ, 62,0 g Fett und 172 mg Cholesterin.

KALORIEN UND CHOLESTERIN
Sauer- und Süßrahmbutter haben fast doppelt so viel Kalorien und Cholesterin wie Halbfettbutter. Kräuterbutter hält sich in der goldenen Mitte.

Was ist Ghee?

In Nordindien wird mit geklärter Butter bzw. mit reinem Butterfett gekocht. Die Butter wird dafür in einem Topf erhitzt, bis eine klare Flüssigkeit entsteht. Dabei setzen sich am Topfboden die Milchrückstände ab, die die Butter normalerweise bei starkem Erhitzen verbrennen und schwarz werden lassen. Die klare Butterfettflüssigkeit vorsichtig durch ein mit einem Küchenkrepp ausgelegtes Sieb gießen. Auf Zimmertemperatur abkühlen und anschließend im Kühlschrank fest werden lassen. Um wirklich ganz reines Butterfett zu erhalten, wiederholen die Inder diesen Vorgang bis zu drei Mal. Dabei wird das fest gewordene Fett oben abgenommen und nochmals erhitzt. Reines Butterfett hält sich ungekühlt zwei bis drei Monate. Die indische Bezeichnung für dieses Butterfett lautet Ghee. Mit Ghee oder geklärter Butter können Sie indische Gerichte im Wok zubereiten. Normale Butter ist wegen der hohen Hitzeentwicklung im Wok weniger geeignet.

Butter, Buttermilch, Sahne

Butterrezepte

Falls Sie Gelegenheit haben, Chefköchen ihre kleinen Geheimnisse zu entlocken, werden Sie bestimmt nur Gutes über Butter hören. Eine pikante Sauce, kurz vor dem Servieren mit kalten Butterflocken aufgemixt, sieht optisch schön aus und verbessert den Geschmack um einiges.

Bevor Sie mit Ihren eigenen Geschmackszubereitungen beginnen, sollten Sie im Haushaltswarengeschäft nach geeigneten Formen Ausschau halten. Butter lässt sich beliebig formen und kneten – ob in Rollen, Herzen, Kreise oder Blätter; ob mit Butterrädern, Riffelbrettchen, Spritzbeutel; ob mit Plätzchenausstechern oder kunstvoll mit den Händen geformt.

Um die folgenden Buttermischungen herzustellen, nehmen Sie immer 150 Gramm zimmerwarme Butter. Die Zutaten grundsätzlich sehr fein hacken oder schneiden und gründlich mit der cremigen Butter verrühren.

HINWEIS
Alle aufgeführten Rezepte beziehen sich auf 150 Gramm Butter. Je nach Geschmack verwenden Sie Sauer- oder Süßrahmbutter.

COLBERT-BUTTER

150 Gramm Butter mit fünf Esslöffel Bratensaft, Saft einer halben Zitrone, Salz, Pfeffer und zwei Esslöffel gehackter Petersilie verrühren. Wird gerne zu Fisch gereicht.

SARDELLENBUTTER

Die Butter mit 50 Gramm fein gehackten Sardellen, einer gewürfelten Schalotte, einem Esslöffel Zitronensaft sowie einer Messerspitze Cayennepfeffer verrühren.

KRÄUTERBUTTER

150 Gramm gemischte gehackte Kräuter wie Petersilie, Kerbel, Schnittlauch, Estragon, Dill mit 150 Gramm Butter und einer gehackten Schalotte verrühren.

SCHINKENBUTTER

Die Butter mit Selleriesalz und weißem Pfeffer schaumig rühren. 100 Gramm fein gehackten gekochten Schinken sowie einen Esslöffel gehackte Zwiebeln unterrühren.

Leckere Buttervariationen

BUTTER CAFÉ DE PARIS

Die Butter mit je zwei fein gehackten Sardellenfilets und hart gekochten Eiern, zwei zerdrückten Knoblauchzehen, einem Teelöffel Dijon-Senf, drei Esslöffel Bratensaft, einem Schuss Rotwein und einem Esslöffel gehacktem Estragon verrühren.

TOMATEN-BASILIKUM-BUTTER

150 Gramm Tomaten häuten, entkernen und das Fruchtfleisch fein pürieren. Zusammen mit zwei Esslöffel frisch gehackten Basilikumblättern und 150 Gramm Butter verrühren. Mit etwas Zucker, Salz und Pfeffer abschmecken. Für den italienischen Geschmack einen Esslöffel gehackte Pinienkerne und einen Esslöffel Olivenöl beimengen.

APFEL-ZWIEBEL-BUTTER

Einen fein gewürfelten Apfel und eine fein gehackte Schalotte in 50 Gramm Butter kurz andünsten. Den Pfanneninhalt in einer Schüssel mit 100 Gramm Butter verrühren. Mit einem Esslöffel Majoran, Salz und Pfeffer würzen. Nach Belieben einen gehackten Bund Schnittlauch einrühren.

ROTE KAVIARBUTTER

50 Gramm Lachsforellenkaviar (Ketakaviar) mit 150 Gramm Butter, einem Esslöffel gehacktem Dill und dem Saft von einer Limette verrühren. In einen Steinguttopf füllen und mit geräucherten Lachsstreifen garnieren.

ROTWEINBUTTER

Einen halben Liter kräftigen Rotwein und fünf Esslöffel Bratensatz auf die Hälfte einkochen und erkalten lassen. Den Rotweinfond mit 150 Gramm Butter, Salz, Pfeffer und einem Esslöffel gehackter Petersilie verrühren.

ZITRONENBUTTER

Die Butter mit einem Esslöffel mittelscharfem Senf, Saft und etwas abgeriebener Schale einer halben Zitrone sowie einer Prise Salz verrühren. Als Rosetten in Papiermanschetten spritzen und portionsweise tiefkühlen.

HAUSHALTSTIP

Achten Sie darauf, dass alle Ihre Zutaten frisch sind – am besten kaufen Sie sie nicht im Supermarkt, sondern auf dem Markt.

Butter, Buttermilch, Sahne

Buttermilch –
die Milch ohne Butter

BUTTERMILCH
Wussten Sie, dass
schon ein halber Liter
Buttermilch die
von der Deutschen
Gesellschaft für
Ernährung empfoh-
lenen Vitamin- und
Mineralstoffgehalt
zu zwei Dritteln
abdeckt?

Ein herrlich erfrischendes Nebenprodukt der Butter ist die Buttermilch. Dieser flüssige Muntermacher ist fast fettfrei und enthält eine ganze Palette wertvoller Inhaltsstoffe, die zudem noch köstlich schmecken.

Bei der heutigen Butterherstellung (siehe Seite 34) fallen zwei Sorten von Buttermilch an: Buttermilch, die bei der Herstellung von Süßrahmbutter abläuft, und Buttermilch, die bei der Sauerrahmbutter übrig bleibt.

Buttermilch von Süßrahmbutter

Da Süßrahmbutter nicht gesäuert wird, muss die im Handel erhältliche Buttermilch, die aus Süßrahmbutter hergestellt wird, nachträglich gesäuert werden. Durch diese Behandlung erhält sie die typischen Merkmale einer Buttermilch.

Buttermilch von Sauerrahmbutter

Sauerrahmbutter wird durch die Zugabe von Milchsäurebakterien gesäuert. Während des Butterns fließt die Buttermilch ab, die bereits in diesem Stadium Verkaufsqualität besitzt. Voraussetzung ist, dass die Buttermilch weniger als ein Prozent Fett enthält.

Der kleine Unterschied

Im Handel werden zwei Sorten Buttermilch angeboten:
● Reine Buttermilch als ausschließliches Naturprodukt, das kein Fremdwasser enthalten darf
● Buttermilch, die bis zu 10 Prozent Wasser oder bis zu 15 Prozent Magermilch enthalten darf.
In den Milchtheken finden Sie reine Buttermilch, Buttermilch und Buttermilchzubereitungen, die mit Vitaminen, Butterflocken oder verschiedenen Früchten angereichert sind. Letztere sind oft gezuckert, was die Buttermilch bei Kindern zwar beliebt macht, zugleich aber ernährungsphysiologisch entwertet.

Buttermilchrezepte

Es gibt ja immer noch Menschen, die behaupten, Buttermilch schmecke nicht besonders gut. Gerade Kinder wehren sich oft, wenn die Mutter ihnen Buttermilch anbietet. Dabei wäre Buttermilch als einer der Toplieferanten von Kalzium für Kinder im Wachstum besonders wichtig. Aber auch als Durstlöscher nach dem Sport, nach der Sauna oder an heißen Sommertagen, wenn die Beine schwer sind und der Geist ein wenig träge ist, hilft Buttermilch wieder auf die Sprünge.

MUNTERMACHER MIT ZITRONE

Zutaten für 1 Portion

1/4 l Buttermilch

Saft von 1 Zitrone

Etwas abgeriebene Zitronenschale

Süßstoff nach Geschmack

Zubereitung

1 In einem Küchenmixer alle genannten Zutaten kräftig aufschlagen, bis sie ein schaumiges Getränk ergeben, und sofort servieren.
2 Nach Belieben Orangenscheiben einschneiden und dekorativ an den Glasrand stecken.

ROGER-RABBIT-TRUNK

Zutaten für 2 Portionen

1/4 l Buttermilch

1/8 l reiner Karottensaft

Saft von 1 Zitrone

Etwas abgeriebene Zitronenschale

Einige Tropfen Süßstoff

2 Frühlingsmöhrchen

1 Selleriestange

Zubereitung

1 Buttermilch, Karottensaft und Zitronensaft in einem Mixgerät kräftig aufschlagen.
2 Zitronenschale und Süßstoff dazugeben. Die Frühlingsmöhrchen putzen und längs einschneiden, ein wenig Kraut dranlassen.
3 Die Selleriestange putzen und der Form nach als Rührstab zurechtschneiden.
4 Die Karottenmilch in zwei hohe Gläser gießen, an den Glasrand eine Möhre stecken. Sellerie zum Umrühren in das Getränk stellen.

VITAMINE

Die in der Buttermilch enthaltenen Vitamine stärken die Sehkraft (Vitamin A), das Nervensystem, das Knochengerüst und das Gehirn (Vitamine B_2 und B_{12}).

Butter, Buttermilch, Sahne

ORANGENBUTTERMILCH

Zutaten für 1 Portion

1 große, saftige Orange
2 cl Grand Marnier (Orangenlikör)
Flüssiger Süßstoff nach Geschmack
1/5 l Buttermilch

Zubereitung

1 Die Orange schälen.

2 Aus dem Fruchtfleisch Filets schneiden und eventuell entkernen.

3 Alle Zutaten in den Küchenmixer geben und kräftig durchmixen.

4 Die Orangenbuttermilch sofort servieren.

BESCHWIPSTES BUTTERMILCHGELEE

VARIATIONS-MÖGLICHKEIT

Falls Ihnen ein Teelöffel Zitronensaft zu wenig ist, können Sie natürlich auch entsprechend mehr nehmen. Nach Möglichkeit sollten Sie den Saft aber frisch auspressen!

Zutaten für 1 Portion

2 Blätter weiße Gelatine
1/5 l Buttermilch
2 cl Rum
Flüssiger Süßstoff nach Geschmack
1 TL Zitronensaft

Zubereitung

1 Gelatine nach Packungsaufschrift auflösen.

2 Buttermilch mit Rum, Süßstoff und Zitronensaft verrühren.

3 Anschließend die aufgelöste Gelatine gründlich unterrühren.

4 Die Mischung in eine Glasschüssel füllen und für mindestens zwei Stunden kalt stellen.

BUTTERMILCHPFANNKUCHEN

Zutaten für 4 Portionen

1/2 l Buttermilch
100 g Mehl
Etwas geriebene Zitronenschale
2 Päckchen Vanillezucker
4 Eier
3 Eigelb
100 g flüssige Butter

Zubereitung

1 Mit einem elektrischen Handrührgerät aus Buttermilch, Mehl, Zitronenschale, Vanillezucker, Eiern, Eigelben und 50 Gramm Butter einen glatten Pfannkuchenteig rühren.

2 In heiß schäumender Butter portionsweise kleine Pfannkuchen herstellen und heiß servieren.

Tip

Dazu Kompott, z.B. aus Pflaumen, Kirschen oder Äpfeln servieren.

Leckere Desserts

KALTER GRIESSPUDDING MIT APRIKOSENPFANNE

Zutaten für 4 Portionen

1 l Buttermilch
80 g Butter
1 Päckchen Vanillezucker
100 g Grieß
100 g Zucker
3 Eiweiß
1/2 kg frische Aprikosen
Zucker nach Geschmack
5 cl Aprikosenlikör
Saft von 1/2 Zitrone

Zubereitung

1 In einem Topf Buttermilch, Butter und Vanillezucker aufkochen.
2 Dann den Grieß und den Zucker einstreuen. So lange rühren, bis ein dicklicher Brei entsteht. Achtung: Die Masse brennt leicht an!
3 Den Topf vom Herd nehmen und den Grießbrei etwas abkühlen lassen.
4 Die Eiweiße zu steifem Schnee schlagen und unter den Grießbrei ziehen.
5 Glasschüsselchen oder entsprechende Förmchen mit kaltem Wasser ausspülen.
6 Den Grießbrei darin verteilen und für einige Stunden in den Kühlschrank stellen.
7 Die Aprikosen waschen, entsteinen und in Viertel schneiden.
8 In einer Pfanne Aprikosenviertel, Zucker, Aprikosenlikör sowie Zitronensaft erwärmen.
9 Geben Sie diese Aprikosenmischung über den fest gewordenen Grießbrei. Am besten sofort – solange die Aprikosen noch warm sind – servieren.

Tip
Diesen Grießpudding können Sie ohne Reue genießen – ist er doch aus Buttermilch zubereitet, die weniger Kalorien als Milch enthält.

HAUSHALTSTIP
Wenn Sie keine Aprikosen bekommen, können Sie den Grießpudding auch mit Kirschen essen.

Butter, Buttermilch, Sahne

Sahne – krönender Auftakt und Abschluss

SAHNE
Die Schlagfähigkeit ist ein Qualitätsmerkmal für die Schlagsahne. Sahne gibt es im Handel in den verschiedensten Sorten sowie Geschmacksrichtungen – und damit auch in unterschiedlichen Fettgehaltsstufen.

Sahne entzückt beim Anblick, zergeht cremig leicht auf der Zunge und ist in der Küche überhaupt das »Zaubermittel« schlechthin. Schon seit Jahrtausenden genießen die Menschen den abgeschöpften Rahm – anfänglich pur und später, mit der Einführung von Genussmitteln wie Zucker und Kakao, in den vielfältigsten Geschmacksrichtungen. Heutzutage sind Sahne und die Vielzahl der verschiedenen Geschmacksausführungen aus der Küche nicht mehr wegzudenken.

Sahnig – rahmig: Sahnesorten

Seit der Erfindung der Zentrifuge, die maschinell das Milchfett von der Milch trennt, können wir Sahne in nahezu allen Variationen schlemmen. Eine Erfindung neuerer Zeit sind die verschiedenen Sahnekombinationen und Spezialausführungen, die Sie überall in den Supermärkten finden – ob als Zusatz in Joghurts, in Quark, in Dickmilch oder pur in mittlerweile sechs Sorten mit unterschiedlichen Fettstufen.

Schlagsahne

Der Mindestgehalt an Fett beträgt bei der Schlagsahne meist 30 Prozent, ab einem Fettgehalt von 36 Prozent Fett spricht man von »Schlagsahne extra«. Bei der Herstellung von Schlagsahne wird der Rahm geschlagen, bis eine Volumenvergrößerung von 90 bis 100 Prozent erreicht ist.

Kaffeesahne

Sie enthält mindestens 10 Prozent Fett und hat den niedrigsten Fettgehalt aller Sahnesorten. Kaffeesahne wird mit 10, 12 und 15 Prozent Fett angeboten. Die Sahne wird homogenisiert, um die Weißkraft der Kaffeesahne im Kaffee zu erhöhen und die Haltbarkeit zu verlängern.

Saure Sahne

Sie ist eine sehr beliebte Sahneschwester, die sich vor allem zum Verfeinern eignet. Durch das fein säuerliche und cremige Aroma entstehen pikante Salatsaucen, herbe Desserts und feine Saucen. Saure Sahne wird aus süßer Sahne unter Beigabe einer Milchsäurebakterienkultur hergestellt. Der Mindestfettgehalt liegt bei 10 Prozent.

Schmand

Der Begriff »Schmand« ist ursprünglich eine Bezeichnung für süße Sahne. Heutzutage erhalten Sie unter dem Namen »Schmand« eine löffelfeste saure Sahne mit einem Fettgehalt von 20 bis 29 Prozent.

Crème double

Sie ist vereinfacht ausgedrückt die doppelte Konzentration von handelsüblicher süßer Sahne. Der Fettgehalt von Crème double beträgt ca. 43 Prozent. Diese löffelfeste Crème eignet sich für Saucen, Suppen und Desserts.

Crème fraîche

Sie ist ein mild gesäuerter Rahm mit einem Fettgehalt von mindestens 30 Prozent. Crème fraîche eignet sich gut zum Kochen, da sie nicht so fett ist wie Crème double, aber cremiger als Sahne. Sie ist mittlerweile in sehr vielen fertigen Geschmacksrichtungen erhältlich.

HAUSHALTSTIP

Ob saure Sahne, Schmand, Crème double oder Crème fraîche – zum Verfeinern von Saucen, Suppen und Desserts eignen sich alle hervorragend.

Lady Curzon und ihr Sahnehäubchen

Lady Curzon soll eine Schwäche für guten Sherry gehabt haben, der die strenge Etikette und ihr Ehemann jedoch Einhalt geboten. Die Lady ließ sich daher etwas einfallen. In den Benimmregeln stand nichts über den Genuss von Schildkrötensuppe ... Ihr Leibkoch wusste, dass er Folgendes tun musste, wann immer Madame eine »mock-turtle soup« bestellte: eine Tasse halb mit Schildkrötensuppe und halb mit Sherry füllen. Darauf ein Sahnehäubchen und – um den Geruch des Sherrys zu kaschieren – ein wenig Currypulver auf das Sahnehäubchen stäuben. Dann war die Lady zufrieden.

Butter, Buttermilch, Sahne

Sahne – selbst gemacht

CRÈME FRAÎCHE können Sie auch selbst herstellen: Verrühren Sie 200 Gramm frisch gewonnenen Rahm mit einem Esslöffel Buttermilch, und lassen Sie diese Mischung einen Tag bei Zimmertemperatur (20 bis 24 °C) stehen.

1 Milch erhitzen: Erhitzen Sie die Milch bei 62 bis 64 °C 30 Minuten lang (= Dauerpasteurisieren). Die Milch rahmt trotz der Erhitzung auf, die Bildung von schädlichen Mikroorganismen ist so aber nicht möglich. Wird der Rahm nicht erhitzt, ist er sehr anfällig für Bakterien, die ihn ungenießbar machen.

2 Milch kalt stellen: Roh- oder Vorzugsmilch in eine flache Form mit breiter Fläche, möglichst eine Auflaufform, gießen. Je größer die Oberfläche der Milch ist, desto mehr Rahm setzt sich natürlich ab. Die Schüssel für mindestens 10 bis 14 Stunden kühl stellen – am besten im Kühlschrank.

3 Abschöpfen des Rahms: Danach mit einem breiten Löffel oder Schaumlöffel den Rahm auf der Oberfläche abschöpfen, die Magermilch bleibt übrig. Sie erhalten konzentriertes Milchfett, die Sahne. Je höher der Fettgehalt ist, umso cremiger und vollmundiger schmeckt sie.
Die so gewonnene Sahne können Sie für das Verfeinern von Saucen, Suppen oder für das Herstellen von Süßspeisen verwenden.

2 Nach etwa zehn Stunden setzt sich der Rahm auf der Oberfläche der Milch ab.

3 Schöpfen Sie mit einem Schaumlöffel den Rahm ab.

Sahnige Köstlichkeiten

Sahnerezepte

In Deutschland heißt sie Rahm oder Sahne, in der Schweiz nennt man sie Nidle und in Österreich Obers, in Frankreich Crème, in englischsprachigen Ländern Cream und in Italien Crema.

Die nachfolgenden Rezepte sind ein Beweis für die internationale Beliebtheit.

FRANZÖSISCHE SAHNESUPPE MIT RÄUCHERFISCHEN

Zutaten für 4 Portionen

2 geräucherte Forellen
1/2 l Fischfond
2 Schalotten
50 g Butter
1 EL Mehl
1/8 l trockener Weißwein
200 ml süße Sahne
Salz
Schwarzer Pfeffer aus der Mühle
2 cl Wermut (Noilly Prat)
1 EL frisch gehackter Dill
200 g geschlagene Sahne

Zubereitung

1 Die Forellenfilets herauslösen und quer in ca. zwei Zentimeter dicke Stücke schneiden.

2 Die Stücke in den Fischfond geben und auf dem Herd etwa 15 Minuten bei geringer Hitze köcheln. Anschließend den Fischfond durch ein Sieb passieren.

3 Die Schalotten schälen, fein würfeln und in heißer Butter andünsten, fein mit Mehl bestäuben und kurz durchrühren.

4 Mit Fischbrühe, Weißwein und der süßen Sahne aufgießen.

5 Die Suppe mit Salz sowie schwarzem Pfeffer aus der Mühle würzen und mit Wermut verfeinern.

6 Anschließend die Suppe durch ein Sieb passieren und erneut erwärmen, aber nicht mehr kochen.

7 Die zurechtgeschnittenen Fischstücke, die geschlagene Sahne sowie den Dill in die Suppe geben.

8 Nochmals abschmecken und servieren.

Tip

Die Fischstücke erwärmen, in die Suppenteller verteilen und anschließend mit Suppe aufgießen.

VARIATIONS-MÖGLICHKEIT
Je nach Geschmack können Sie natürlich auch entsprechend weniger oder mehr Sahne verwenden – in jedem Fall muss die Sahne aber süß sein!

Butter, Buttermilch, Sahne

SPAGHETTI NACH KÖHLERART

Zutaten für 4 Portionen

| 400 g Spaghetti |
| 1 Prise Salz |
| 2 EL Olivenöl |
| 100 g gewürfelter Räucherspeck |
| 250 ml süße Sahne |
| 4 EL saure Sahne |
| 1 Eigelb |
| 50 g frisch geriebener Parmesan |
| Schwarzer Pfeffer aus der Mühle |

Zubereitung

1 Spaghetti in kochendes Salzwasser mit etwas Olivenöl geben und bissfest garen.
2 In der Zwischenzeit in einem Topf die Speckwürfel auslassen. Mit süßer Sahne aufgießen und köcheln lassen. Leicht salzen und den Rest Olivenöl einrühren.
3 Die Spaghetti in einem Sieb abgießen.
4 Die saure Sahne mit dem Eigelb sowie dem Parmesan in einer größeren Schüssel verrühren.
5 Mit Sahnespecksauce aufgießen und mit den Spaghetti vermengen.
6 Reichlich mit schwarzem Pfeffer würzen.

VARIATIONSMÖGLICHKEIT
Diese beiden Rezepte erfreuen sich vor allem bei Kindern sehr großer Beliebtheit. Wie wäre es denn damit: zuerst Spaghetti, danach die Walnusskerne?

GEFRORENE WALNUSSCREME

Zutaten für 4 Portionen

| 60 g Zucker |
| 80 g gehackte Walnüsse |
| 3 Eigelb |
| 2 EL Honig |
| 1 TL Zitronensaft |
| 1 Päckchen Vanillezucker |
| 3 EL Milch |
| 250 ml geschlagene Sahne |

Zubereitung

1 Zucker in einem Topf erhitzen und so lange rühren, bis er zu Karamell wird.
2 Die Walnüsse einrühren, alles auf ein geöltes Backblech gießen und erkalten lassen.
3 Den Walnusskrokant vom Blech schaben und mit einem Nudelholz zerkleinern.
4 Mit einem elektrischen Handrührgerät die Eigelbe mit Honig, Zitronensaft, Vanillezucker und Milch cremig rühren.
5 Zuletzt den Walnusskrokant sowie die geschlagene Sahne unterheben.
6 Die Masse in mit kaltem Wasser ausgespülte Förmchen füllen und im Gefrierschrank gefrieren lassen.
7 Vor dem Servieren die Förmchen in heißes Wasser tauchen und stürzen.

Nudeln und Pilze mit Sahne

GEMISCHTE PILZE IN SAHNESAUCE

Zutaten für 4 Portionen

500 g gemischte Pilze
(bestehend aus Pfifferlingen,
Maronenröhrlingen, Steinpilzen
und Champignons)

2 Schalotten

2 Knoblauchzehen

150 g Butter (selbst gemacht)

50 g Mehl

1/2 l Brühe

1/8 l trockener Weißwein

500 ml Sahne

Salz

Schwarzer Pfeffer aus der Mühle

2 EL gehackte Petersilie

Zubereitung

1 Die Pilze klein schneiden.
2 Die Schalotten und Knoblauchzehen schälen und fein würfeln.

3 In einem Topf 50 Gramm Butter heiß schäumend erhitzen und darin Schalotten- und Knoblauchwürfel glasig andünsten. Mit Mehl bestäuben, kräftig durchrühren, mit Brühe, Weißwein und Sahne aufgießen.
4 Die Sauce 8 bis 10 Minuten leise köcheln lassen.
5 Die Pilze in der restlichen Butter andünsten. Mit Salz und Pfeffer würzen.
6 Den Pfanneninhalt unter die Sahnesauce rühren.
7 Abschmecken und mit Petersilie verfeinern.

Tip

Semmelknödel oder Weißbrot dazu reichen.

FEINSCHMECKER-TIP

Am besten schmeckt das Ganze, wenn Sie die Pilze frisch vom Markt bekommen können oder – noch besser – selbst gesammelt haben!

PREISELBEER-SAHNEEIS

Zutaten für 4 Portionen

1 Ei, 3 Eigelbe

80 g Zucker

1 Päckchen Vanillezucker

400 g Preiselbeerkompott

400 ml geschlagene Sahne

Zubereitung

1 In einer hitzebeständigen Schüssel Eier und Zucker mit dem Schneebesen über einem heißen Wasserbad aufschlagen.

2 Die Eiermasse mit einem elektrischen Handrührgerät kalt schlagen.
3 200 Gramm Preiselbeerkompott im Mixer fein pürieren und mit dem Kompott unter die Eiercreme rühren.
4 Sahne unterrühren und das Ganze in eine entsprechende Form füllen.
5 Für mindestens vier Stunden im Gefrierfach gefrieren lassen.

Butter, Buttermilch, Sahne

Rahmapfelstrudel

NASCHKATZEN

Mit diesem exquisiten Apfelstrudel werden Sie selbst anspruchsvolle Naschkatzen zufrieden stellen. Pressen Sie die Zitrone nach Möglichkeit frisch aus.

Zutaten für 4 Portionen

500 g Mehl
1/4 l lauwarmes Wasser
2 EL Öl
1/2 TL Salz
1 kg dünn geschnittene Apfelschnitze
50 bis 80 g Zucker, je nach Geschmack
Saft von 1 Zitrone
100 g Rosinen
2 EL Rum
250 ml saure Sahne (selbst gemacht)
100 g geröstete Mandelstifte
100 g in Butter geröstete Semmelbrösel
50 g flüssige Butter (selbst gemacht)
250 ml süße Sahne (selbst gemacht)

Zubereitung

1 Aus Mehl, Wasser, Öl und Salz einen geschmeidigen Teig kneten.

2 Den Teig in vier Portionen teilen, in Klarsichtfolie hüllen und etwa eine Stunde ruhen lassen.

3 Die Apfelschnitze mit Zucker, Zitronensaft, Rosinen, Rum, Mandeln sowie der sauren Sahne vermengen.

4 Den Backofen auf etwa 200 °C vorheizen. Ein Backblech mit Butter bestreichen.

5 Die Teigportionen einzeln auf einer bemehlten Arbeitsfläche dünn auswellen und möglichst mit den Händen ausziehen.

6 Je einen ausgezogenen Teig auf ein Küchentuch legen. Darüber ein Viertel der Semmelbrösel streuen und ein Viertel der Apfelmischung darüber geben.

7 Mit Hilfe des Tuches die Strudel aufrollen und nebeneinander auf das Backblech legen.

8 Die Strudel mit flüssiger Butter und etwas Sahne bestreichen.

9 Im vorgeheizten Backofen 45 Minuten backen.

Sahnige Desserts

MOUSSE AU MARZIPAN

Zutaten für 4 Portionen

4 Blatt weiße Gelatine
200 g Marzipanrohmasse
1/8 l Milch
1 Eigelb
250 g geschlagene Sahne
5 cl Mandellikör (z. B. Amaretto)

Zubereitung

1 Die Gelatine nach der Packungsaufschrift auflösen.
2 Die Marzipanmasse klein schneiden und in heißer Milch cremig rühren.
3 Mit Mandellikör abschmecken, dann abkühlen lassen.
4 Aufgelöste Gelatine und Eigelb einrühren.
5 Zuletzt die Schlagsahne unterziehen.
6 Die Marzipanmasse im Kühlschrank steifen lassen. Zum Servieren mit einem Löffel Klößchen formen.

Tip
Mit Schokoladensauce genießen.

GELATINE

Falls Sie keine Blattgelatine im Haus haben, können Sie ebenso gut auch Gelatinepulver verwenden. Wenn alle Stricke reißen, gelingt die Mousse zur Not auch ganz ohne Gelatine – Sie benötigen dann aber mehr Marzipanmasse.

SHERRYTRIFLE

Zutaten für 4 Portionen

1 fertiger Biskuitboden
Etwa 10 cl Sherry
5 cl Weinbrand
300 g eingelegte Pfirsichspalten
500 ml süße Sahne
50 g Zucker
Puderzucker zum Bestäuben

Zubereitung

1 Den Biskuitboden in etwa zwei Zentimeter große Würfel schneiden und in eine Servierschüssel geben. Mit Sherry und Weinbrand beträufeln.
2 Die Pfirsichspalten darauf hübsch anrichten. Die Sahne mit dem Zucker steif schlagen.
3 Drei Viertel der Schlagsahne auf den Pfirsichen glatt streichen.
4 Den Rest zum Verzieren in einen Spritzsack füllen; mit Puderzucker bestäuben.

Sauermilchprodukte

Ausgangsprodukt für alle Sauermilcherzeugnisse ist sauer gewordene Milch. Früher konnte man Milch dafür einfach bei Zimmertemperatur stehen lassen; heute setzt man meist Kulturen oder Fermente zu, um die richtige Säuerung zu erreichen. Daraus entstehen beliebte Produkte wie Joghurt, Kefir, Dickmilch oder Quark.

Joghurt – Milch mit »Kultur«

Joghurt gehört zu den ältesten Lebensmitteln der Welt. Entsprechend viele Sagen und Mythen haben sich um ihn gebildet. So soll er den Göttern als Geschenk dargebracht worden sein, um sie gnädig zu stimmen. Aus historischen Quellen geht hervor, dass die Nomadenvölker die Entdecker des Joghurt sind. Während ihrer langen Wüstenmärsche transportierten sie Milch als Nahrungsmittel in Ziegenhautsäcken, die auf Kamelrücken befestigt wurden. Die stetigen Schaukelbewegungen, die große Hitze und die in der Milch enthaltenen, Säure bildenden Mikroorganismen ließen ein sauermilchartiges Erzeugnis entstehen: Joghurt.

Nationalspeise der Bulgaren

Die Nomaden brachten den Joghurt aus dem Orient nach Bulgarien, wo Joghurt zu einer Art Nationalspeise wurde. Das war keine schlechte Entscheidung, denn Bulgarien gilt als das Land der Hundertjährigen, und das soll etwas mit dem Joghurt zu tun haben, wie ein namhafter russischer Wissenschaftler herausfand.

Aus einer Studie des Bakteriologen, Zoologen und Nobelpreisträgers (1908) Ilja Metschnikoff (1845–1916) geht hervor, dass es in Bulgarien mit Abstand die meisten gesunden Hundertjährigen in ganz Europa gibt. Metschnikoff schrieb dies der Nationalspeise der Bulgaren, dem Joghurt, zu, nachdem er die nationalen Lebensumstände und die entsprechenden Statistiken untersucht hatte.

Der Wissenschaftler entdeckte bei Untersuchungen von Joghurt bestimmte Bakterien, die er Lactobacilli bulgarici (bulgarische Milchbakterien) nannte. Er war der erste Wissenschaftler, dem es gelang, unter dem Mikroskop Bakterienstämme zu isolieren, die aus Milch Joghurt entstehen lassen. Sein frischer, leicht säuerlicher Geschmack und seine Bekömmlichkeit machen Joghurt zu einem besonders vielseitigen Klassiker im weißen Sortiment.

JOGHURT

Den Balkanvölkern sind die gesundheitlichen Vorzüge von Joghurt seit langem bekannt. Und auch die moderne westliche Ernährungswissenschaft bestätigt seinen hohen gesundheitlichen Wert.

Sauermilchprodukte

Joghurt braucht zwei Bakterienstämme

Grundsätzlich wird in Deutschland für die Joghurtproduktion Kuhmilch verwendet. Allerdings finden Sie in den Kühlregalen türkische, griechische oder bulgarische Joghurtsorten, die aus Ziegenmilch hergestellt worden sind. Das Wachstumsoptimum der Bakterienkulturen wird bei über 42 °C erreicht. Die klassische Joghurtkultur besteht überwiegend aus den beiden Bakterienstämmen Lactobacillus bulgaris und Streptococcus thermophilus.

Lieber linksdrehend oder lieber rechtsdrehend?

MILCHSÄURE
Die Milchsäure wirkt entgiftend auf den Körper, da sie eine gesunde Darmflora begünstigt. Besonders wertvoll ist Joghurt mit einem Überschuss an rechtsdrehender Milchsäure, da diese am besten vom Körper aufgenommen werden kann; sie heißt deshalb auch physiologische Milchsäure (L+).

Milchsäure ist eine farblose, siruppartige und geruchlose Flüssigkeit, die unter dem Einfluss der Milchsäurebakterien während der Milchgärung entsteht. Man findet sie z. B. in sauren Produkten, etwa in Sauermilch oder Sauerkraut. Die Milchsäure bewirkt das Dickwerden der Milch. Sie kommt in zwei optisch aktiven Formen vor, in linksdrehender und rechtsdrehender Milchsäure. Für die Ernährung spielt die rechtsdrehende Milchsäure als Zwischen- oder Endprodukt des Kohlenhydrat-Stoffwechsels eine große Rolle. Für unseren Organismus bedeutet das: Joghurtsorten mit einem Überschuss an rechtsdrehender Milchsäure können vom Körper besser aufgenommen werden. Bei speziellen Nahrungsmittelallergien ist dies von Bedeutung, beispielsweise bei einer Phosphatunverträglichkeit. Halten Sie jedoch diesbezüglich vorsichtshalber Rücksprache mit Ihrem Arzt.

Was ist bebrüten?

Die Milchsäurekultur vermehrt sich und bildet Milchsäure aus Milchzucker (Laktose). Der pH-Wert sinkt, die Milch schmeckt angenehm säuerlich. Ist ausreichend Milchsäure vorhanden, wird Eiweiß ausgefällt, und die Milch wird dick. Diese Verdickung geschieht in großen Tanks oder bereits in verkaufsfertigen Bechern – den so genannten Brutkammern. Anschließend wird der Joghurt auf ca. fünf °C abgekühlt und gelagert. Der Joghurt ist nun fertig zum Ausliefern.

Moderne Kulturen: LC1, LGG und LA7

Die Milchindustrie zieht alle Register, um dem Fitnesszeitgeist und dem zunehmenden Gesundheitsbewusstsein der Menschen gerecht zu werden. Es gibt wieder einmal etwas Neues, und zwar mit den geheimnisvollen Abkürzungen LC1, LGG und LA7. Doch es steckt diesmal wirklich etwas dahinter – nämlich Joghurtkulturen, die es in sich haben. Die drei Neuen in der Joghurtszene wirken sich tatsächlich vorteilhaft auf die Gesundheit aus. Man stufte sie daher unter dem Begriff »Probiotika« ein, was so viel heißt wie »für das Leben«.

Die drei L-Joghurts, im Lebensmittelhandel als probiotische Lebensmittel deklariert, helfen das Immunsystem zu stärken. Sie fördern eine intakte Darmflora und wirken sich insgesamt positiv auf den Organismus aus.

Die Wissenschaft kennt mittlerweile ungefähr 3500 verschiedene Milchsäurebakterien. Neu an den probiotischen Produkten ist genau genommen nur die hohe Konzentration an Lebendkeimen, die in der Lage sind, sich in der Darmflora wieder anzusiedeln, und so zu einer ausgewogenen Darmflora beitragen. Eine ähnliche Wirkung hat Joghurt mild. Der Anteil an Lebendkeimen kann jedoch auch entsprechend geringer ausfallen.

Die Abkürzungen der drei Neuen stehen für:
- LC1 – Lactobacillus acidophilus 1
- LGG – Lactobacillus Goldin und Gorbach
- LA7 – Lactobacillus acidophilus 7

Wohlschmeckend und gesund

Wahrscheinlich ist es der himmlische, leicht säuerliche Geschmack des Joghurt, der sich so leicht mit anderen Geschmacksrichtungen vereinen lässt und eine ganze Palette von Neuschöpfungen ermöglicht. Mittlerweile finden Sie Joghurtsorten in den verschiedensten Geschmacksrichtungen, neuerdings sogar mit Gemüse. Ob sahnig, fettarm, light, mit und ohne Ballaststoffe – alles ist vertreten. Die Inhaltsstoffe im Joghurt sind ein wertvoller Beitrag zur ausgewogenen Ernährung:

STICHFEST ODER GERÜHRT?
Generell unterscheidet man Joghurt in stichfester Qualität (in der Verpackung gesäuert und gereift) und in gerührter Qualität (in Kesseln gerührt, gesäuert, gereift, danach erst abgefüllt).

Sauermilchprodukte

- Vitamine, beispielsweise Vitamin A für Augen und Haut
- Vitamin B_2 für die Energiegewinnung
- Gut verträgliches Eiweiß
- Fett und essenzielle Fettsäuren
- Vitamin B_{12} für die Bildung von roten Blutkörperchen
- Mineralstoffe, beispielsweise Kalzium für Knochen und Zähne.

Joghurt in verschiedenen Fettstufen

- Sahnejoghurt: mindestens 10 Prozent Fett

- Joghurt: mit standardisiertem Fettgehalt von 3,5 Prozent oder naturbelassenem Fettgehalt von 3,7 bis 3,8 Prozent

- Fettarmer Joghurt: 1,5 bis 1,8 Prozent Fett

- Joghurt aus entrahmter Milch: höchstens 0,3 Prozent Fett

Warenkennzeichnung

KENNZEICHNUNGS-PFLICHT
Auch eine zusätzliche Wärmebehandlung und die Verwendung von Bindemitteln oder Zuckeraustauschstoffen sind in Deutschland kennzeichnungspflichtig.

Gesetzliche Vorschriften besagen, dass auf Milch und Milchprodukten sieben Angaben des Herstellers stehen müssen. Zusätzliche Hinweise, wie Kalorienangaben, sind freiwillig.

1. Verkehrsbezeichnung: Joghurt, Trinkjoghurt, Fruchtjoghurt, Vollmilch usw.
2. Mengenangabe: für Milch in Liter, für Milchprodukte in Gramm.
3. Fettgehalt: Der Fettgehalt wird in Prozent Fett im Milchanteil bzw. bei Frischkäse in Prozent Fett in der Trockenmasse angegeben. Die Buttermilch stellt hier die Ausnahme dar.
4. Art der Wärmebehandlung: wärmebehandelt, pasteurisiert, ultrahocherhitzt oder sterilisiert.
5. Mindesthaltbarkeitsdatum.
6. Zutatenliste: Bei allen Milchprodukten, die mehrere Zutaten enthalten, müssen diese in der Zutatenliste in absteigender Reihenfolge der Gewichtsanteile aufgeführt werden.

Die Bezeichnungen »Joghurt mit Lactobacillus bulgaris« und »Joghurt mild mit Streptococcus thermophilus« sind eindeutige Verweise auf die verwendete Bakterienkultur.
7. Name und Anschrift der Molkerei.

Was ist drin? – Zutaten im Joghurt

Der Preis eines Joghurts lässt meistens auf die Qualität des Produktes Rückschlüsse zu. Je naturbelassener er ist, desto hochwertiger ist auch die Qualität. »Naturidentische Aromastoffe« heißt nichts anderes als künstliche Zusätze. Also: Lieber Hände weg! Joghurt enthält nicht grundsätzlich Verdickungsmittel – Trinkjoghurt und manche stichfeste Joghurtsorten kommen ohne aus. Es ist maßgebend, nach welcher Produktlinie eine Molkerei verfährt.

Anreicherung mit Milchpulver

Qualitativ hochwertige Rührjoghurts werden mit Milchpulver angereichert, oder die Trockenmasse wird durch Wasserentzug erhöht. Joghurts mit Trockenmasseerhöhung schmecken sehr gut, sind cremiger und vollmundiger.
Der Milchpulverzusatz muss nicht deklariert werden, denn es handelt sich um notwendige technologische Milchinhaltsstoffe.
Es gibt ferner Joghurterzeugnisse, die nicht im Kühlregal stehen und trotzdem lange haltbar sind. Bei diesen ist die Haltbarmachung unumgänglich. Optimale Haltbarkeit wird durch Erwärmung nach dem Reifevorgang erreicht. Folgende Zusätze können im Joghurt enthalten sein:
- Dickungsmittel wie Gelatine oder Pektine
- Je nach Lagerhaltung Konservierungsstoffe
- Natürliche und künstlich hergestellte Aromastoffe.

NATURJOGHURT
Wer auf Nummer Sicher gehen will, dass sein Joghurt keine chemischen Zusatzstoffe enthält, wählt sinnvollerweise einen Naturjoghurt. Noch besser ist es natürlich, den Joghurt selbst herzustellen.

Pur mit Natur

Die meisten Zusatzstoffe sind nicht im Naturjoghurt, sondern im Fruchtjoghurt enthalten.
Mein Rat: Naturjoghurt mit frischen Früchten und Zucker oder flüssigem Süßstoff mischen.

Sauermilchprodukte

Joghurt – selbst gemacht

Die Milch macht den Joghurt! Wählen Sie daher Ihre bevorzugte Milch, ob mit wenig Fett oder mit viel Fett. Aus Vollmilch (3,7 bis 3,8 Prozent) entsteht ein eher sahniger Joghurt. Aus Magermilch (0,3 Prozent) oder aus fettarmer Milch (1,5 bis 1,8 Prozent) entsteht ein entsprechend mageres Produkt.

HAUTBILDUNG
Erhitzen Sie die Milch auf mehr als 90 °C, wird der Joghurt stichfester. Die Nachteile sind dann: Hautbildung und Kochgeschmack!

1 Erhitzen: Jede Milch, auch bereits pasteurisierte Milch, muss für die Joghurtherstellung auf 90 °C erhitzt werden. Dieser Vorgang ist unbedingt nötig, da durch das Erhitzen unangenehme Milchsäurebakterien und Keime abgetötet werden. Technologisch betrachtet muss die Milch ca. zehn Minuten erhitzt werden, damit eine ausreichende Eiweißquellung zur Ausbildung der joghurttypischen Festigkeit, der Gallerte, erreicht wird. Die Milch etwa fünf bis zehn Minuten auf 50 °C abkühlen lassen.

2 Impfen: Die auf 50 °C abgekühlte Milch im Topf sehr gut rühren und dabei die Joghurtkulturen zusetzen. In der Fachsprache spricht man hier von Impfen. Das Impfen mit Kulturen kann auf zwei Arten geschehen:

a) Durch die Beigabe von fertigem (gekauftem oder selbst hergestelltem) Joghurt. Mengenangaben stehen bei den Rezepten – allerdings besagt eine Faustregel: Bei einem Liter Milch etwa 150 Gramm Joghurt zusetzen.

b) Durch ein gefriergetrocknetes Joghurtferment, das in Reformhäusern erhältlich ist. Die Dosierung steht auf der Packung.

3 Warm halten: Die mit Joghurtkulturen geimpfte Milch in Stein- oder Glasschüsseln bzw. in Portionsschälchen füllen. Den Backofen auf 50 °C vorheizen und die Joghurtmilch auf die mittlere Schiene des Ofens stellen.

Den Backofen nach etwa 20 bis 30 Minuten ausschalten und die Joghurtkulturen – am besten über Nacht, damit der Joghurt pünktlich zum Frühstück fertig ist – mindestens acht Stunden reifen lassen.

4 Kühlen: Den fertigen Joghurt mit Klarsichtfolie abdecken und in den Kühlschrank stellen.

So machen Sie Joghurt selbst

1 Erhitzen Sie Milch auf 90 °C, um Keime abzutöten.

2a Impfen Sie die auf 50 °C abgekühlte Milch mit fertigem Joghurt.

2b Alternativ dazu können Sie die Milch auch mit Joghurtferment impfen.

3 Lassen Sie den Joghurt bei 50 °C mindestens acht Stunden reifen.

Sauermilchprodukte

Pasteurisierte Milch statt Rohmilch

Für die Eigenherstellung von Joghurt empfiehlt sich die Verwendung von pasteurisierter Milch. Wenn Sie nämlich Roh- oder Vorzugsmilch zu Hause abkochen, um die darin enthaltenen Keime abzutöten, vernichten Sie auch wertvolle Nährstoffe. Dies passiert beim schonenden Pasteurisieren in der Molkerei nicht. Homogenisierte Milch oder gar H-Milch hingegen sollten Sie vermeiden, da hier der Nährstoffgehalt sehr gering ist.

Noch einfacher mit der Maschine

JOGHURT-MASCHINE
Joghurtbereiter gibt es in fast allen Kaufhäusern und Elektrogeschäften. Sie kosten zwischen 20 und 50 €.

Wer oft und gern hausgemachten Joghurt isst, für den lohnt sich eine Joghurtmaschine – niedrig im Preis, kompakt und haushaltsgerecht, meist mit sechs Portionsgläsern ausgestattet und einfach in der Handhabung. Die geimpfte Milch wird in die Gläser eingefüllt und fest verschlossen. Der Apparat hält konstant 40 °C, so dass der Joghurt schon in wenigen Stunden fertig ist. Im Prinzip funktioniert der Joghurtapparat wie ein hygienisch gut beschützter Brutkasten.

Kniffe und Tricks für die Joghurtherstellung

Joghurt herzustellen ist eine der leichtesten Übungen. Wenn Sie das erste Mal daran gehen, sollten Sie dennoch folgenden Punkten unbedingt Beachtung schenken:

- Achten Sie auf peinliche Sauberkeit.
- Wenn Sie als Starterkultur gekauften Joghurt verwenden, können Sie Ihren Joghurt etwa fünf Mal zum Impfen verwenden. Wurde der Joghurt mit Ferment geimpft, kann er bis zu zehn Mal als Starterkultur dienen.
- Bewahren Sie stets etwa 100 Gramm des selbst zubereiteten Joghurt als Impfjoghurt auf.
- Ruhe und Wärme sind die wichtigen Faktoren für das Gelingen Ihres selbst gemachten Joghurt – bewegen Sie den Joghurt nicht mehr, nachdem Sie ihn abgefüllt haben.
- Essen Sie Ihren Joghurt innerhalb von drei bis vier Tagen auf – danach schmeckt er sehr sauer.

Joghurtrezepte

Mit Joghurt lässt sich einiges zaubern – nicht immer nur Naturjoghurt mit frischen Früchten.
Lassen Sie sich von den Rezepten anregen, und schlemmen Sie sich durch das Joghurtparadies.
Hausgemachten Joghurt können Sie prima für Suppen, Terrinen, Überbackenes und für Süßspeisen verwenden.

Und noch ein Tip
Wildfleisch, in Joghurtmarinade gebeizt, schmeckt besonders gut.

TÜRKISCHE JOGHURTSUPPE

Zutaten für 4 Portionen

1 1/4 l Hühnersuppe
100 g Langkornreis
Einige frische Pfefferminzeblättchen
250 g Vollmilchjoghurt
1 EL Mehl
2 EL Olivenöl
1 Prise Salz
Schwarzer Pfeffer aus der Mühle
Rosenscharfes Paprikapulver

Zubereitung

1 Die Hühnersuppe aufkochen und den Reis einstreuen.
2 Den Reis in ca. 20 Minuten gar kochen.
3 Die Pfefferminzeblättchen waschen und fein hacken.
4 Den Vollmilchjoghurt mit Mehl, Olivenöl sowie einer Tasse Hühnerbrühe gut verrühren.
5 Das Ganze in die leise köchelnde Hühnerbrühe mit einem Schneebesen kräftig unterrühren.
6 Den Topf vom Herd ziehen und mit den Gewürzen abschmecken.
7 Mit Paprikapulver und gehackter Minze garnieren.

VARIATIONS-MÖGLICHKEIT
Die Joghurtsuppe schmeckt besonders aromatisch, wenn Sie frische Minze statt der Pfefferminze verwenden.

Sauermilchprodukte

Lauwarmer Spinatjoghurt

Zutaten für 4 Portionen

1 kg frischer Spinat
3–5 Knoblauchzehen
6 EL Olivenöl
Salz
Schwarzer Pfeffer aus der Mühle
Saft von 1 Zitrone
250 g Vollmilchjoghurt
1 Prise Currypulver

Zubereitung

1 Den Spinat verlesen, waschen, gut abtropfen lassen und grob zerschneiden.
2 Knoblauchzehen schälen und hacken.
3 In einem breiten Topf das Olivenöl erhitzen.
4 Den Knoblauch glasig andünsten und den Spinat vorsichtig einstreuen.
5 Unter mehrmaligem Wenden einige Minuten andünsten. Im Anschluss daran leicht salzen und pfeffern.
6 Zitronensaft, Joghurt und Currypulver gut verrühren; den Topf vom Herd ziehen.
7 Den Spinat mit dem Joghurt locker vermengen.
8 Zum Schluss nach Bedarf etwas würzen.

Lammfleischcurry mit Joghurt

GHEE
Wenn Sie nicht mehr genau wissen, was es mit Ghee auf sich hat, schlagen Sie auf Seite 37 nach.

Zutaten für 4 Portionen

1 Zwiebel
Ca. 3 cm frische Ingwerwurzel
3 EL Ghee (reines Butterfett)
1 kg magere Lammfleischwürfel, ca. 2 x 2 cm dick
250 g Vollmilchjoghurt
1 TL mildes Chilipulver
1 EL Garam Masala (indische Gewürzmischung)
Salz
Schwarzer Pfeffer aus der Mühle
2 EL gehacktes Koriandergrün

Zubereitung

1 Die Zwiebel und die Ingwerwurzel schälen und fein würfeln. In einem größeren Topf das Ghee erhitzen und darin Zwiebel- und Ingwerwürfel andünsten.
2 Lammfleischwürfel hinzufügen und braten. Joghurt, Chilipulver und Garam Masala einrühren. Die Hitze zurückdrehen und den Topf mit einem Deckel verschließen. Garen lassen, bis der Topfboden ansetzt.
3 Mit einem halben Liter Wasser nachgießen, bis das Lammfleisch weich ist.
4 Die Gesamtgarzeit beträgt eine Stunde. Danach salzen, pfeffern und das Koriandergrün untermengen.

Süßes und Deftiges mit Joghurt

JOGHURTHUHN AUS DEM BACKOFEN

Zutaten für 4 Portionen

| 2 küchenfertige Hähnchen |
| Salz |
| 250 g Vollmilchjoghurt |
| 2 Prisen gemahlene Kurkuma |
| 1 EL Tomatenmark |
| 1 EL Olivenöl |
| 1 TL edelsüßes Paprikapulver |
| Schwarzer Pfeffer aus der Mühle |
| Saft von 1/2 Zitrone |
| 2 EL frisch gehackte Petersilie |
| 2 EL zerlaufene Butter |

Zubereitung

1 Jedes Hähnchen in vier Teile schneiden. Einen Topf mit Salzwasser aufkochen und die Hähnchenteile einlegen. Etwa 15 Minuten leise köcheln lassen. Herausnehmen und mit Küchenkrepp trockentupfen. Backofen auf 200 °C vorheizen.

2 Joghurt mit Kurkuma, Tomatenmark, Olivenöl, Paprikapulver, Pfeffer und Zitronensaft gut verrühren.

3 Eine Auflaufform ausbuttern. Den Rest Butter mit Petersilie verrühren und auf den Formboden geben.

4 Die Hähnchenteile darauf legen, mit der Joghurtmischung überziehen.

5 Die Form in den Ofen schieben und in etwa 20 Minuten fertig backen.

Tip

Seien Sie zunächst mit Pfeffer etwas sparsam – nachpfeffern geht immer noch.

HAUSHALTSTIP
Bevor Sie mit dem Joghurthuhn beginnen, empfiehlt es sich, den Backofen bereits vorzuheizen.

SÜSSER JOGHURT MIT QUARK

Zutaten für 4 Portionen

| 2 große saftige Pfirsiche |
| 200 g süße Erdbeeren |
| 200 g Joghurt |
| 200 g Sahnequark |
| 3 EL Honig |
| 1 Päckchen Vanillezucker |

Zum Garnieren

1 frischer Pfirsich

Zubereitung

1 Die Pfirsiche häuten und das Fruchtfleisch grob zerschneiden. Die Erdbeeren waschen und halbieren.

2 Alles mit dem Joghurt, dem Sahnequark, dem Honig und dem Vanillezucker in den Küchenmixer geben und fein pürieren.

3 Den Joghurtquark in Schälchen verteilen. Den Pfirsich in Spalten schneiden und zum Garnieren verwenden.

Sauermilchprodukte

DREIFARBIGER EISJOGHURT

Zutaten für 2 Portionen
500 g Vollmilchjoghurt
1 EL Kakaopulver
3 EL Zucker
Saft von 1/2 Zitrone
100 g entsteinte Kirschen
50 g Kokosraspel

Zubereitung
1 Den Joghurt in drei Schüsseln aufteilen.
2 In die erste Schüssel Kakaopulver und einen Esslöffel Zucker einrühren.
3 In die zweite Schüssel einen Esslöffel Zucker und Zitronensaft rühren.
4 Die Kirschen im Küchenmixer pürieren und zusammen mit dem restlichen Zucker in die dritte Schüssel rühren.
5 Entweder vier Glasschüsselchen oder eine größere Glasschüssel auswählen. Die vorbereiteten Joghurtsorten abwechselnd in die Schüssel schichten, dabei jede Schicht mit Kokosraspel bestreuen.
6 Den dreifarbigen Joghurt etwa eine Stunde in das Gefrierfach stellen.
7 Nach Belieben mit Schokoraspel garnieren.

LASSI – INDISCHES JOGHURTGETRÄNK

VARIATIONSMÖGLICHKEIT
50 Gramm Joghurt mit einem Esslöffel Zucker verquirlen und mit 200 Milliliter Eiswasser aufschlagen.

Zutaten für 2 Portionen
150 g Joghurt
3/5 l Eiswasser
1 Prise Salz
Schwarzer Pfeffer aus der Mühle
4 Eiswürfel

Zubereitung
1 Den Joghurt und das Eiswasser gründlich miteinander verrühren.
2 Nach Geschmack salzen und pfeffern.
3 Die Eiswürfel in zwei Gläser geben und mit dem Joghurtgetränk aufgießen.

64

Joghurtsülze mit Lachs und Kaviar

Zutaten für 1 Terrine

2 Schalotten, fein gehackt
1/4 l trockener Weißwein
500 g frischer Lachs, entgrätet und in dicke Scheiben geschnitten
500 g Vollmilchjoghurt
150 g Crème fraîche
Salz
Weißer Pfeffer
Saft von 1/2 Zitrone
40 g Gelatinepulver
60 g Ketakaviar (Lachsforellenkaviar)

Zubereitung

1 In einem breiten Topf die Schalottenwürfel in dem Weißwein dünsten.
2 Die Lachsscheiben vorsichtig einlegen, nur eine Minute ziehen lassen. Herausnehmen und kalt stellen.
3 Joghurt, Crème fraîche, Salz, Pfeffer und Zitronensaft gründlich verrühren.
4 Das Gelatinepulver in den Weinsud rühren und kurz aufkochen lassen, bis das Pulver ganz aufgelöst ist.
5 Den Weinsud durch ein Sieb passieren und bis auf ca. 50 °C abkühlen lassen.
6 Eine Terrinenform mit Klarsichtfolie auskleiden. Den Weinsud schnell in den Joghurt einrühren.
7 Einen Teil der Joghurtweincreme auf den Terrinenboden gießen; darauf Lachsscheiben legen und etwas Kaviar streuen.
8 Wieder eine Schicht Joghurtcreme darüber gießen. So lange fortfahren, bis alles aufgebraucht ist – mit einer Schicht Joghurt abschließen.
9 Die Joghurtsülze mit Folie abdecken und für mindestens fünf Stunden in den Kühlschrank stellen.
10 Die feste Joghurtsülze stürzen und möglichst mit einem elektrischen Messer zentimeterdicke Scheiben aufschneiden.

HAUSHALTSTIP

Außer den genannten Zutaten sollten Sie noch etwas Klarsichtfolie zum Auskleiden der Terrinenform bereithalten.

Sauermilchprodukte

Kefir, der Wonnetrunk

SCHAUM-GETRÄNK
Kefir wird wegen seiner gesundheitsfördernden Wirkung auch das Getränk der Hundertjährigen genannt. »Kef« bedeutet so viel wie Schaum.

In der Heimat des Kefirs, in Sibirien, in Südrussland und vor allem im Kaukasus, spricht man von Kapir oder Kyppe: Wonnetrunk. Ursprünglich wurde Kefir mit Stutenmilch angesetzt, bei uns wird er hauptsächlich aus Kuhmilch gewonnen. Kefir ist ein der Buttermilch ähnliches, rahmartiges Sauermilchgetränk, dem nur die besten Eigenschaften nachgesagt werden. Er wirkt äußerst gesundheitsfördernd, hilft bei Stoffwechselkrankheiten oder bei besonders starkem Durchfall. Die heilsame Wirkung in diesem frischen Getränk geht vom Kefirpilz aus. Es gibt sogar Kuranstalten, die spezielle Kefirkuren anbieten. Kefir schmeckt säuerlich aromatisch, moussiert leicht und enthält geringe Mengen Alkohol (0,1 bis 0,6 Prozent, maximal 2 Prozent).

Wie wird Kefir hergestellt?

Bei der industriellen Herstellung wird pasteurisierte Milch mit Milchsäurekulturen und milchzuckergärenden Hefen, so genannten Kefirkörnchen, vermischt. Dadurch wird ein Gärungsprozess in Gang gesetzt. Die Entwicklung von Kohlensäure bedingt das leichte Moussieren des Getränkes. Die Kefirkörnchen werden abgesiebt, und das Kefirgetränk wird als homogenes Getränk portioniert. Im Handel wird Kefir in verschiedenen Fettstufen, als reiner Kefir oder als Kefirzubereitung mit Früchten angeboten. Kefir als gesetzlich geschützte Standardsorte muss 0,05 Gewichtsprozente Alkohol im verkaufsfertigen Produkt enthalten und darf nach der Fermentation nicht erhitzt werden.

Deckelwölbung – ein Qualitätszeichen

Nach der Abfüllung des Kefirs in Portionsbecher ist der Gärungsprozess noch nicht abgeschlossen. Das Getränk arbeitet – und der Deckel kann sich dabei leicht wölben. Also denken Sie deshalb nicht gleich, das Verfallsdatum sei abgelaufen. Viel wahrscheinlicher ist, dass sich die Kefirkulturen munter tummeln, und das ist ein wichtiges Qualitätsmerkmal für echten Kefir.

Der Kefirpilz

Kefir herzustellen ist fast einfacher als Joghurt selbst zu machen – mit einem Unterschied: Die Zutaten für Joghurt sind schneller besorgt als die für den Kefir.

Für die traditionelle Herstellung von Kefir ist nämlich ein Kefirpilz nötig, der nicht so ohne weiteres erhältlich ist (Bezugsadressen finden Sie im Anhang). Der Kefirpilz besteht aus zahlreichen Hefen und Milchsäurebakterien, die durch den Kefirbazillus wuchern. Dabei wird ein Teil des Milchzuckers in Alkohol umgewandelt; Kefir kann bis zu zwei Prozent Alkohol enthalten. Kefir mit der Bezeichnung »Kefir mild« enthält jedoch keinen Alkohol.

Den Kefirpilz sollte man einmal pro Woche mit kaltem oder lauwarmem Wasser gut durchspülen.

Tip: Möchten Sie einen besonders milden Kefir herstellen, müssen Sie die Pilzknollen täglich unter einem Wasserstrahl abspülen und das Ansatzglas gut reinigen. Am besten trinken Sie den Kefir sofort – er reift nämlich beim Lagern noch weiter. Zur Geschmacksvariation können Sie übrigens auch Früchte oder Fruchtsaft beimengen.

> ## Keine Rohmilch verwenden!
>
> Rohmilch kann krankheitserregende Keime enthalten. Der Verzehr ohne ausreichende Erhitzung ist sehr bedenklich. Keime in der Rohmilch können den Kefirpilz im Wachstum hemmen oder sogar zerstören. Der Kefir ist dann ungenießbar und schmeckt bitter.

Benutzen Sie Kefirfermente

Die einfachste Art, Kefir selbst herzustellen, ist das Ansetzen mit Kefirfermenten. Diese erhalten Sie gefriergetrocknet in speziellen Naturkostgeschäften und Reformhäusern. Das weiße Pulver wird nach Packungsaufschrift in die zimmerwarme Milch gerührt. Abschließend abdecken und 24 Stunden bei Zimmertemperatur stehen lassen.

EINFRIEREN

Sie können Kefirpilze auch einfrieren. Geben Sie den Pilz dazu in ein Gefäß, und bedecken Sie ihn vollständig mit Milch.

Sauermilchprodukte

Kefir – selbst gemacht

HAUSHALTSTIP
Beachten Sie stets, dass ein Kefirpilz weder Sonnenbestrahlung noch Ofenhitze verträgt!

Sobald Sie im Besitz eines Kefirpilzes sind, können Sie mit der Herstellung selbst gemachten Kefirs beginnen.
Und so gehen Sie vor:

1 Anrichten des Kefirs: Legen Sie den Kefirpilz in einen Krug oder eine Glaskanne, und gießen Sie einen Liter pasteurisierte Milch darüber. Bedecken Sie das Gefäß dann mit einer Folie, und lassen Sie es bei Zimmertemperatur einen Tag stehen.

2 Den Kefir abseihen: Den fertigen Kefir durch ein Haarsieb in ein anderes Gefäß gießen und in den Kühlschrank stellen. Innerhalb eines Tages aufbrauchen, denn er ist nur maximal 24 Stunden haltbar.

3 Kefirpilz reinigen: Den im Haarsieb zurückgebliebenen Kefirpilz mit kaltem Wasser gut durchspülen.

4 Neuen Kefir ansetzen: Den gewaschenen Kefirpilz sofort mit Milch zu neuem Kefir ansetzen oder, mit genügend Milch bedeckt, bis zur nächsten Kefirherstellung aufbewahren. Wichtig: Täglich die Milch wechseln, da sich der Kefirpilz sonst zersetzt!

Die richtige Pflege von Kefirpilzen

Kefirpilze sehen aus wie weiße, ineinander verwachsene feste Röschen. Bei guter Pflege bleiben Ihnen diese Pilze lange erhalten, vermehren sich gut und ergeben sehr viele Liter guten Kefir. Wie viele Kefirpilze Sie der Milch zusetzen, ist reine Geschmackssache. Für meinen hausgemachten Kefir verwende ich immer eine »Hand voll«. Überschüssige Kefirpilze lege ich in Milch ein, verpacke sie in einem Glas mit genügend Milch und verschenke Sie an Menschen, die dies zu würdigen wissen. Falls Sie die Milch der eingelegten Kefirpilze einen Tag oder ein paar Tage nicht gewechselt haben sollten, können die Pilze leicht verändert aussehen. In diesem Fall waschen Sie sie gründlich unter fließendem warmem Wasser und entfernen die weichen Teile oder Fäden. Nur feste Pilzknöllchen in neuer Milch einlegen. Kefirpilze erholen sich wieder relativ schnell.

So machen Sie Kefir selbst

1 Geben Sie den Kefirpilz in ein Gefäß, und gießen Sie ihn mit Milch auf.

2 Seihen Sie den fertigen Kefir durch ein Sieb ab, und stellen Sie ihn kalt.

3 Spülen Sie den zurückgebliebenen Kefirpilz mit Wasser durch.

4 Setzen Sie neuen Kefir an, oder bedecken Sie den Kefirpilz mit Milch.

Sauermilchprodukte

Kefirrezepte

Mit Kefir lassen sich allerlei erfrischende und feine Speisen zubereiten. Ihrem Einfallsreichtum sind dabei keine Grenzen gesetzt. Für den Anfang finden sie hier einige Rezepte, quer durch alle Geschmacksrichtungen.

TOMATENKEFIR

Zutaten für 2 Portionen

1/2 l Kefir

1 EL Tomatenmark

Kräutersalz

Schwarzer Pfeffer aus der Mühle

1 EL frisch gehackte Petersilie

Saft von 1/2 Zitrone

Zubereitung

1 In einem Küchenmixer die genannten Zutaten kräftig durchmixen.
2 Das Tomatenkefirgetränk in Gläser füllen und sofort genießen.

REIBEKUCHEN MIT KEFIR

HAUSHALTSTIP
Backen Sie die Reibekuchen schön knusprig durch – dabei mehrmals wenden.

Zutaten für 4 Portionen

1 kleine Zwiebel

1 kg Kartoffeln

1 EL Stärkemehl

1 Eigelb

1/4 l Kefir

Salz

Schwarzer Pfeffer aus der Mühle

Öl zum Braten

1 EL Zitronensaft

1 Bund Schnittlauch

Zubereitung

1 Kartoffeln schälen und klein schneiden, den Kartoffelsaft ausdrücken.
2 Gehackte Zwiebel, Kartoffeln, Stärkemehl, Eigelb und vier Esslöffel Kefir verrühren.
3 Leicht salzen und pfeffern.
4 In einer Pfanne Öl erhitzen. Mit einem Esslöffel Kartoffelteig abstechen, in das heiße Fett geben und mit dem Löffel platt drücken.
5 Nach dem Anbraten wenden und knusprig backen.
6 So lange fortfahren, bis der Teig aufgebraucht ist.
7 Die Reibekuchen auf einer Platte anrichten und bis zum Servieren im Backofen warm halten.
8 Den Schnittlauch in Röllchen schneiden und mit dem Kefir verrühren.
9 Mit Salz, Pfeffer und Zitronensaft abschmecken.

70

Gemüse mit Kefir

GURKEN IN KEFIR

Zutaten für 4 Portionen

1 Salatgurke
1/5 l Kefir
1/2 Bund frisch gehackte Kräuter, z. B. Dill, Petersilie, Kerbel oder Schnittlauch
Salz
Schwarzer Pfeffer aus der Mühle

Zubereitung

1 Die Salatgurke schälen, der Länge nach durchschneiden und entkernen.
2 Die Gurkenhälften quer in dünne Halbmondformen schneiden.
3 Die restlichen Zutaten miteinander verrühren.
4 Die Gurkenstücke unterheben und nochmals abschmecken.
5 Als Nachtisch servieren.

FEINSCHMECKER-TIP

Statt normalem Salz können Sie auch jodiertes Meersalz oder Kräutersalz aus dem Reformhaus verwenden.

SAHNIGE SALATSAUCE

Die selbst hergestellte Salatsauce kann nach persönlichen Geschmacksvorlieben in der Gewichtung und Zusammenstellung beliebig variiert werden.

Ich bevorzuge die folgende Version:

Zutaten für 1 Flasche

200 g Joghurt
200 g Crème fraîche
200 ml saure Sahne
1/5 l Kefir
4 gepresste Knoblauchzehen
2 gehackte Schalotten
Salz
Schwarzer Pfeffer aus der Mühle
1 Prise Zucker
1 Prise gemahlener Curry oder Kumin
1/8 l Olivenöl

Zubereitung

1 In einem elektrischen Küchenmixer alle Zutaten – bis auf das Olivenöl – kräftig durchmixen.
2 Anschließend das Olivenöl sehr langsam und vorsichtig mit einem Schneebesen unter die cremige Sahnesauce ziehen.
3 Nochmals abschmecken, nach Geschmack noch ein wenig verfeinern und in die Flasche abfüllen.

Tip

Frische Kräuter erst beim Servieren unter die Sahnesauce ziehen. Die Salatsauce hält sich einige Tage im Kühlschrank. Es empfiehlt sich ein baldiger Verzehr, da der Kefir weiter gärt.

Sauermilchprodukte

GEBACKENER SELLERIE MIT KEFIRSAUCE

FEINSCHMECKER-TIP
Die Kefirsauce passt auch bestens zu anderen rohen Gemüsen – ein Snack, der sehr gesund ist.

**Zutaten für
4 Vorspeisenportionen**

1/4 l Kefir
100 g Joghurt
1/4 TL Currypulver
2 EL gehackte Petersilie
Salz
Schwarzer Pfeffer aus der Mühle
1 große Sellerieknolle
Saft von 1/2 Zitrone
2 Eier
Mehl zum Wenden
Paniermehl
50 g Butter

Zubereitung

1 Kefir, Joghurt, gehackte Petersilie und Currypulver verrühren. Salzen und pfeffern. Bis zum Gebrauch in den Kühlschrank stellen.

2 Die Sellerieknolle schälen und in Scheiben schneiden. Mit Zitronensaft beträufeln, salzen und pfeffern.

3 Die Eier verquirlen. Die Selleriescheiben in Mehl wenden, durch die Eimasse ziehen und panieren.

4 Die Butter heiß schäumend erhitzen und darin die Selleriescheiben portionsweise goldbraun und knusprig braten.

5 Die Kefirsauce zum Dippen reichen.

KNOBLAUCHKEFIR-KARTOFFELN

Zutaten für 4 Portionen

1 kg Kartoffeln
50 g zimmerwarme Butter
Vollmeersalz
Schwarzer Pfeffer aus der Mühle
Gemahlene Muskatnuss
250 ml Sahne
1/4 l Kefir
100 g frisch geriebener Käse, z. B. Gouda oder Emmentaler
2–4 Knoblauchzehen

Zubereitung

1 Den Backofen auf 220 °C vorheizen. Die Kartoffeln schälen und in dünne Scheiben schneiden oder hobeln.

2 Eine Auflaufform gut ausbuttern; die Kartoffeln dachziegelartig einschichten und würzen.

3 Sahne und die Hälfte des Kefirs verrühren.

4 Den Käse über die Kartoffeln streuen und mit der Sahne-Kefir-Mischung begießen. Etwa 40 Minuten im Ofen garen.

5 Knoblauchzehen schälen und durch eine Presse in den restlichen Kefir drücken; salzen und pfeffern.

Kefirgelee mit Schillerlocken

**Zutaten für
4 Vorspeisenportionen**

8 große Blätter Gelatine
3/8 l Kefir
1/8 l trockener Weißwein
1/8 l Gemüsebrühe
1/2 Bund frisch gehackte Kräuter, z. B. Kerbel, Bärlauch, Petersilie
Salz
Schwarzer Pfeffer aus der Mühle
1 leichte Prise Cayennepfeffer
Saft von 1/2 Zitrone
100 ml saure Sahne
500 g frisch geräucherte Schillerlocken

Zubereitung

1 Die Gelatine in kaltem Wasser einweichen.
2 In einer Schüssel Kefir, Weißwein, Gemüsefond sowie die Kräuter verrühren. Leicht salzen und mit den beiden Sorten Pfeffer abschmecken.
3 Die Gelatine fest ausdrücken und in der Mikrowelle schmelzen lassen; gut mit der Kefirmischung verrühren. Zitronensaft und saure Sahne unterziehen.
4 Terrinenförmchen mit Klarsichtfolie auslegen und den Kefir einfüllen. Mit Folie bedecken und für mindestens zwei Stunden in den Kühlschrank stellen.
5 Die Schillerlocken quer in Scheibchen schneiden. Die Förmchen mit dem fertigen Kefirgelee auf die Teller stürzen.
6 Rundherum die Schillerlocken anrichten. Dazu nach Belieben geröstetes Weißbrot reichen.

GELATINE IM WASSERBAD

Wenn Sie keine Mikrowelle haben, um die Gelatine schnell schmelzen zu können, lösen Sie sie einfach in einem warmen Wasserbad auf.

Himbeerkefir

Zutaten für 2 Portionen

250 g frische Himbeeren
Saft von 1/2 Zitrone
2 EL Cassis
1/2 l Kefir
Zucker nach Bedarf

Zubereitung

1 Die frischen Himbeeren waschen und mit Zitronensaft sowie mit Cassis im Küchenmixer fein pürieren, bis Himbeermus entsteht.
2 Anschließend durch ein Sieb streichen.
3 Das Himbeermus mit Kefir und je nach Geschmack mit Zucker im Mixer kräftig aufmixen.
4 Das Getränk in mittelgroße Gläser gießen und sofort genießen.

Die Milch ist dick – Dickmilch

Angenommen, jemand ließe eine Schüssel frische Kuhmilch stehen, erinnerte sich erst wieder am nächsten Tag daran und fände die Milch nicht mehr in ihrer ursprünglichen Form vor. Ein neues Milchprodukt ist entstanden – und siehe da: Das Zufallsprodukt schmeckt sehr lecker. Fest in der Konsistenz, daher gut zum Löffeln, leicht säuerlich im Geschmack, also bestens geeignet zum Überzuckern. In den Balkanländern wird Dickmilch eher pikant serviert – mit Knoblauch, Gurken oder mit Kräutern und Gewürzen.

Dicklegen der Milch

DARMREINIGUNG
Gesäuerte Milch hat einen hohen gesundheitlichen Wert. Sie ist leichter verdaulich als Frischmilch und reinigt den Darm.

Die Verwandlung der Milch, das Dickwerden der naturbelassenen Milch, ist ein natürlicher Prozess. Die äußeren Einflüsse – ob Hitze, Feuchtigkeit und Luftdruck – lassen die Milchsäurebakterien in der Mikroflora der Milch aktiv werden. Früher war dies die einfachste Methode, Dickmilch zu erhalten. Heutzutage funktioniert das so meist nicht mehr, weil die Milch andere Keime aufweist als früher. Der Begriff »Dickmilch« ist nur dadurch entstanden, weil die flüssige Milch durch diesen chemischen Prozess dick wurde. Sie könnte genauso gut Festmilch heißen.

Industrielle Dickmilchherstellung

In den Molkereibetrieben wird Dickmilch aus Milch verschiedener Fettstufen durch Zugabe von Milchsäurebakterien hergestellt. Im Kühlregal wird reine Dickmilch aus gesäuerter Vollmilch, Magermilch oder entrahmter Vollmilch mit höchstens 0,3 Prozent Fett angeboten.

Ideal für eine gesunde Ernährung

Dickmilch ist für die gesunde und ausgewogene Ernährung ein sehr wichtiger Baustein. Während des Wandlungsprozesses von der Milch zur Dickmilch wird bei der Milchsäuregärung ein Teil des Milchzuckers in Milchsäure umge-

Dickmilch selbst herstellen

wandelt. Menschen, die an Milchzuckerunverträglichkeit leiden, sollten daher Sauermilch- oder Dickmilchprodukte zu sich nehmen. Dies gilt auch für ältere Menschen, weil die Leistungsfähigkeit des Milchzucker spaltenden Enzyms im Körper mit zunehmendem Alter nachlässt.

Zudem spielt es für unseren Stoffwechsel eine große Rolle, ob bei der Milchsäurebildung rechts- oder linksdrehende Moleküle entstanden sind. Grundsätzlich werden rechtsdrehende Milchsäuren (L+) im Körper schneller umgesetzt, was letztlich den gesamten Organismus entlastet.

EIWEISS-VERDAULICHKEIT
Die Milchsäure bewirkt eine Ausfällung des Eiweißes. Dies macht das Eiweiß für den menschlichen Organismus leichter verdaulich.

Dickmilch – selbst gemacht

Unsere Großmütter konnten die Milch noch einfach stehen lassen, und nach einiger Zeit wurde sie dick. Die verbesserten Hygieneverhältnisse heute und die Kühlung der Rohmilch führten zu einer veränderten Keimzusammensetzung in der Milch: Die Säurebildner sind in der Minderzahl, und die Keime, die einen eher schlechten Geschmack verursachen, können wachsen.

Daher empfiehlt sich heutzutage die folgende Vorgehensweise: Füllen Sie einen Liter pasteurisierte Milch in eine Glasschale, und impfen Sie sie mit 100 Gramm fertig gekaufter Dickmilch. Anschließend alles gründlich verrühren und bei Zimmertemperatur von etwa 20 °C 24 Stunden stehen lassen.

Dickmilch ist das Milchprodukt, das sich am einfachsten und am schnellsten aus Milch herstellen lässt.

Sauermilchprodukte

Rezepte mit Dickmilch

Dickmilch oder saure Milch (Sauermilch) gibt es in zwei Konsistenzen: richtig dickgelegt oder etwas flüssiger, so dass man sie trinken kann. Trinkfähige Dickmilch – auch als Schwedenmilch bekannt – ist besonders im Sommer herrlich erfrischend. Auch für Desserts und Süßspeisen lässt sich Dickmilch gut verwenden.

GROSSMUTTERS SAURE MILCHSUPPE

VARIATIONSMÖGLICHKEIT
Statt der gerösteten Brotwürfel können Sie auch Backerbsen oder Flädle als Einlage verwenden.

Zutaten für 4 Portionen
2 EL Mehl
1/2 l Wasser
1/2 l Vollmilch
1/2 l Dickmilch
Salz
Geröstete Brotwürfel

Zubereitung
1 Mehl mit Wasser verrühren. Die Vollmilch und die Dickmilch unter ständigem Rühren aufkochen. Die Hitze zurückdrehen und das Mehlwasser einrühren.
2 Die cremige Milchsuppe leicht salzen und in Suppenteller gießen.
3 Mit reichlich gerösteten Brotwürfeln genießen.

FRUCHTIGE DICKMILCHSCHALE

Zutaten für 4 Portionen
1/2 l Dickmilch
1/4 l Multivitaminsaft
500 g gemischte Früchte der Saison (Erdbeeren, Weintrauben, Bananen etc.)
1 Granatapfel
2–4 EL Ahornsirup
Saft von 1/2 Zitrone

Zubereitung
1 Die Dickmilch mit dem Multivitaminsaft gründlich verrühren.
2 Die Früchte waschen, schälen (wenn erforderlich) und in mehrere mundgerechte Stücke schneiden.
3 Den Granatapfel vierteln und die Fruchtkerne herauslösen.
4 Zusammen mit den anderen Fruchtstücken unter die Dickmilch mengen.
5 Mit dem Ahornsirup nach Geschmack süßen und zum Schluss mit Zitronensaft abschmecken.

DICKMILCH MIT ERDBEEREN

Zutaten für 4 Portionen

500 g Erdbeeren

100 g Puderzucker

1/2 l Dickmilch

Zubereitung

1 Die Erdbeeren waschen und halbieren. Zusammen mit Puderzucker und Dickmilch in den Küchenmixer geben und pürieren.

2 Die rote Dickmilch in eine Glasschüssel füllen und mit Erdbeeren dekorieren. Nach Belieben mit Puderzucker bestäuben.

VARIATIONS-MÖGLICHKEIT

Selbstverständlich schmeckt die Dickmilch mit Himbeeren, Blau- oder Preiselbeeren ebenso gut. Eine interessante Variante sind übrigens Kiwis.

BERLINER DICKE

Ein Uraltrezept aus Berlin, das wieder en vogue ist und besonders gut zum Frühstück schmeckt. Es ist gesund, regt die Verdauung an und regeneriert den Körper.

Zutaten für 1 Person

1/4 l Dickmilch

1 Scheibe Schwarzbrot, zerkrümelt

Zucker

Zimt

Zubereitung

Füllen Sie die Dickmilch in eine Schale, und streuen Sie Brotkrümel, Zucker und Zimt darüber.

SCHWEDENMILCH MIT KRÄUTERN

Zutaten für 1 Person

1/4 l Dickmilch

Kräuter, frisch gehackt

Zitronensaft

Salz

Pfeffer

Zubereitung

1 Die trinkfähige Dickmilch mit vielen frisch gehackten Kräutern (wie Schnittlauch, Petersilie, Kerbel, Kresse, Pimpernell, Dill usw.) verrühren.

2 Mit etwas Zitronensaft, einer Prise Salz und Pfeffer abschmecken.

3 Probieren Sie dieses gesunde Getränk einmal anstelle eines üppigen Mittagessens – es schmeckt gut und belastet die Verdauung nicht.

Tip

Die Schwedenmilch ist ein idealer Durstlöscher für zwischendurch!

Quark – die Urform von Käse

ABFALLPRODUKT QUARK

Wussten Sie, dass Quark ursprünglich ein Abfallprodukt war? Aus der Milch, die bei der Butterbereitung übrig blieb, machte man einfach Quark. Industriell hergestellt wird er erst seit dem Zweiten Weltkrieg.

Das Frischprodukt Quark – auch Glumse, Topfen, Matte oder Frischkäse – ist die erste Stufe der Käseherstellung. Er entsteht durch die Abscheidung von Flüssigkeit beim Gerinnen der Milch durch natürliche Säuerung und Zusetzung von Lab, einem Gerinnungsmittel. Quark enthält noch das gesamte Kasein – einen Eiweißstoff der Milch und das Grundelement für die Weiterverarbeitung zu Käse.

Quark bei den alten Römern

Die Herstellung von Quark, so belegen es historische Quellen, war schon bei den alten Römern, bei den Ägyptern und bei den Griechen gleich. Allerdings haben die Ursprünge der Quarkherstellung nichts mehr mit den heutigen Herstellungsverfahren gemein, und noch weniger mit den Vorschriften unseres heutigen Lebensmittelrechts. Quark hat heute einen festen Platz in der gesundheitsbewussten Ernährung und gehört zweifellos zu den beliebtesten industriell hergestellten Milchprodukten.

Weiterentwicklung der Sauer- oder Dickmilch

Quark ist im Grunde eine Weiterentwicklung der Saueroder Dickmilch: Die Milch wird für etwa 24 Stunden an einen warmen Ort gestellt, bis die natürliche Säuerung die Milch dick werden lässt. Die dicke Milch wird in ein Tuch gefüllt, so dass die Molke ablaufen kann und ein dicklicher, weißer Brei übrig bleibt. Natürlich ist die Wahl der Milch, ob Vollmilch oder Dickmilch, ausschlaggebend für das Entstehen der verschiedenen Quarkprodukte.

Wundern Sie sich nicht, wenn wir im Folgenden hin und wieder Frischkäse mit Quark in einen Topf werfen – denn auch Frischkäse ist Quark!

Frischkäse ist nämlich genau genommen ungereifter Käse, den man gleich nach der Herstellung essen kann. Frischkäse, also Quark, wird in verschiedenen Sorten angeboten.

Speisequark

Um diese Quarksorte herzustellen, wird die Milch bei leichter Erwärmung mit Milchsäurebakterien und etwas Lab eingedickt. Dann wird die Masse zum Einstellen des Trockenmassegehalts zentrifugiert.

Während beider Prozesse läuft fortwährend die Molke ab; trotzdem hat Quark einen sehr hohen Wassergehalt. Quark mit der Bezeichnung »Magerstufe« darf maximal 82 Prozent Wassergehalt aufweisen. Je fettreicher der Quark angeboten wird, umso weniger Wasser enthält er. Allerdings ist der Fettgehalt grundsätzlich abhängig von der verwendeten Milchsorte. Auch die Temperatur der Milch spielt eine wichtige Rolle: Je wärmer sie ist, desto fester und trockener wird der Quark; ist die Milch dagegen kühl, erhält der Quark eine weiche und cremige Konsistenz. Nach dem Zentrifugieren erfolgt das Passieren des Quarks zu einer zartcremigen Masse. Ein Speisequark mit deklarierter Magerstufe muss mindestens 18 Prozent Trockenmasse haben – mit anderen Worten: Er darf nicht mehr als 82 Prozent Wassergehalt (siehe oben) und 12 Prozent Eiweiß aufweisen. In diesem Stadium erfolgt die Einstellung der Fettstufen in Form von Rahmzugaben. So entstehen die Sorten:

- Magerstufe (unter 10 Prozent)
- Halbfettstufe (20 Prozent)
- Fettstufe (40 Prozent).

Quark wird »natur« mit den genannten Fettstufen angeboten oder mit Zusätzen wie Früchten, Ballaststoffen, Gemüse, Kräutern und Gewürzen.

Rahmfrischkäse und Doppelrahmfrischkäse

Diese feinen Quarkcremes werden aus eingedickter Milch und Rahm (Sahne) hergestellt. Das Zentrifugieren verleiht diesem Frischkäse die für ihn typische Festigkeit. Die Bezeichnung »Rahmfrischkäse« schreibt genaue Werte vor: Bei 39 Prozent Trockenmasse muss der Fettgehalt in der Trockenmasse mindestens 50 Prozent betragen.

Doppelrahmfrischkäse hat bei mindestens 44 Prozent Trockenmasse 60 bis 85 Prozent Fett in der Trockenmasse.

HANDSCHÖPFVERFAHREN
Außer den hochtechnischen Verfahren gibt es noch traditionelle Quarkherstellungsverfahren – beispielsweise das Handschöpfverfahren, wo der Topfen nicht in kleine Formen geschöpft wird, sondern in Tücher.

> ## Ein berühmter Italiener
>
> Mascarpone ist sein Name. Nicht zu verwechseln mit dem italienischen Ausdruck für Schuft, Mascalzone. Mascarpone dagegen ist ein »Charmeur«, dem die wenigsten widerstehen können. In Deutschland zählt Mascarpone zu der Gruppe der Doppelrahmfrischkäse mit 80 Prozent Fett. Bei uns assoziiert man ihn ausschließlich mit der Süßspeise Tiramisu – jedoch zu Unrecht, denn dieser besonders rahmige Frischkäse schmeckt auch köstlich in Spaghettisaucen oder im Krabbencocktail.
> Mascarpone wird aus reiner Sahne gewonnen. Die Sahne wird unter ständigem Rühren erhitzt und bei etwa 85 °C pasteurisiert. Danach wird eine Milchsäuren- und eine Zitronensäurenlösung beigemischt, damit die Sahne gerinnt. Nach dem Ablaufen der Molke wird die geimpfte Sahne homogenisiert.

Schicht auf Schicht – der Schichtkäse

FRISCH- UND SCHICHTKÄSE

Der Frischkäse ist das älteste Käseerzeugnis überhaupt. Man filterte einfach von der sauer gewordenen Milch den Käsestoff ab. Die verschiedenen Schichten des Schichtkäses können mit Kräutern oder Gewürzen farblich verändert werden.

Der Name »Schichtkäse« lässt bereits auf die Herstellungsweise schließen. Die dickgelegte Milch wird nicht zentrifugiert, sondern in große Stücke zerschnitten und in Formen geschöpft. Dabei werden mehrere Schichten gebildet, die sich durch den Ablauf der Molke noch verfestigen. So bekommt der Schichtkäse sein typisches Aussehen. Oft werden auch die Schichten aus unterschiedlicher Milch (z. B. Mager- und Vollmilch) hergestellt.

Die Formen, in denen die »dicke Milch« geschöpft wird, müssen auf alle Fälle durchlässig sein, um die Molke ablaufen zu lassen. Schichtkäse hat mindestens 10 Prozent Fett in der Trockenmasse.

Korn für Korn – körniger Frischkäse

Körniger Frischkäse ist ein Produkt aus Säure, Lab und Quark, das maschinell klein geschnitten, leicht erwärmt und anschließend mit kaltem Wasser klar durchgewaschen wird. Die Erwärmung bewirkt, dass die Quarkkörnchen nicht verkleben. Das Ergebnis ist ein lockerer, körniger Quark, der überwiegend mit 10 und 20 Prozent Fett in der Trockenmasse angeboten wird. Frischkäse ist übrigens das ideale Anfangsobjekt für jede Hobbykäserei, weil er ganz besonders einfach herzustellen ist.

Quark – selbst gemacht

Eigentlich müssen Sie kaum etwas dafür tun, wenn Sie Quark selbst herstellen möchten. Im Grunde besteht Ihre Arbeit nur darin, ein wenig Geduld aufzubringen.

Die richtige Milch

Die Verwendung von nicht erhitzter Rohmilch ab Hof ist – wie bereits an anderer Stelle erwähnt – nicht zu empfehlen, da sich unerwünschte Bakterien in der Rohmilch unangenehm auswirken und das Ergebnis verderben könnten. Unser Rat: Verwenden Sie pasteurisierte Milch. Diese Milch ist schonender erhitzt als die Rohmilch, die zu Hause erhitzt wird. Nehmen Sie, je nach gewünschter Konsistenz oder Fettgehalt, pasteurisierte Mager- oder Vollmilch.

Quark – ein Abfallprodukt

Falls Sie eigene Butter machen, können Sie für die Quarkherstellung die von der Butterherstellung übrig gebliebene Milch verwenden.

THERMOMETER
Außer einem Haushaltsthermometer (möglichst mit Kunststoffgehäuse) sind für die Quarkherstellung keine Geräte erforderlich, die es nicht ohnehin in jeder Küche gibt.

Selbst gemachter Quark sieht vielleicht nicht so homogen aus wie im Laden erhältlicher, ist aber garantiert ohne Zusatzstoffe.

Sauermilchprodukte

Herstellung ohne Starterkulturen

Für die ersten zwei Tage benötigen Sie:
1. Einen Liter Vorzugsmilch oder pasteurisierte Frischmilch
2. Naturbuttermilch
3. Eine Schüssel mit einem Sieb
4. Ein Küchen- und ein Mulltuch.

WICHTIG
Beachten Sie, dass Sie von einem Liter Milch nur ein Drittel Quark erhalten!

1 Milch stehen lassen: Die Milch in die Schüssel gießen, mit dem Tuch abdecken und bei etwa 20 °C (Zimmertemperatur) etwa zwei Tage stehen lassen. In dieser Zeit bewirken die Milchsäurebakterien eine Säuerung. Das Ergebnis ist eine dickliche, saure Milch. Sie erhalten von einem Liter Milch ein Drittel Quark. Wenn Sie den Quark besonders rahmig mögen, verrühren Sie einen Liter Sahne und 50 Milliliter Dickmilch oder reine Buttermilch.

2 In den Ofen stellen: Die dickliche, saure Milch in den auf 30 °C vorgeheizten Backofen stellen. Den Backofen ausschalten und den Schüsselinhalt etwa eine halbe Stunde lang arbeiten lassen. Die Wärme ist notwendig, da sich in diesem Stadium der Bruch bildet. Sie können die Schüssel aus dem Ofen nehmen, wenn Sie deutlich erkennen, dass sich eine klare bis leicht grünliche Flüssigkeit – die Molke – von einem weißen Klumpen – dem Bruch – löst.

3 Den Bruch schöpfen: Die Schüssel aus dem Backofen nehmen. Eine zweite Schüssel bereitstellen, darin ein Haarsieb einhängen, das mit einem Mulltuch ausgelegt wird. Den Bruch sehr vorsichtig in das Sieb schöpfen. Die Tuchenden miteinander verknoten. Das gefüllte Mulltuch an den Knotenenden über der Schüssel an einem Haken aufhängen. Das ist sehr wichtig, damit die Molke aufgefangen wird.

4 Zwei Stunden warten: Haben Sie jetzt noch ein wenig Geduld – etwa zwei Stunden. Der Bruch hängt im Tuch, und die Molke tropft ab. Sie sollten diesen Vorgang nach zwei Stunden unterbrechen, damit Sie einen lockeren, feuchten Quark erhalten. Falls Sie diesen Zeitpunkt verpasst haben, können Sie Flüssigkeit in Form von Sahne, Milch oder Joghurt hinzufügen.

Quarkherstellung in vier Schritten

1 Milchsäurebakterien lassen frische Milch bei Zimmertemperatur sauer werden.

2 Durch Wärme bildet sich der Bruch, von dem sich die Molke löst.

3 Bruch und Molke werden mit Hilfe eines Mulltuchs getrennt.

4 Der Bruch sollte nur zwei Stunden abtropfen – sonst wird der Quark zu trocken.

Sauermilchprodukte

Turboverfahren

Gießen Sie einen Liter pasteurisierte Milch beliebiger Fettstufe in eine Schüssel. Geben Sie dann 50 Milliliter Dickmilch oder Buttermilch hinzu, und verrühren Sie alles miteinander. Die Milchsäuerung wird durch das Zusetzen der fertigen Kulturen beschleunigt und kann bereits nach einem Tag weiterverarbeitet werden.

Mögliche Starterkulturen und Zusätze

MIT ODER OHNE STARTERKULTUREN
Egal ob mit oder ohne Starterkulturen – der selbst hergestellte Quark schmeckt in jedem Fall mindestens genauso gut wie der gekaufte.

Die Quarkherstellung ist so einfach, dass Zusätze oder andere Verfahren eigentlich nicht nötig sind. Ich möchte Ihnen dennoch ein weiteres Verfahren vorstellen.

Im Anhang finden Sie Adressen, bei denen Sie Starterkulturen, flüssiges Lab und Labtabletten kaufen können.

Bitte lesen Sie die Produktbeschreibungen und Packungsaufschriften über Lagerhaltung und Verwendung genau durch. Das Prinzip ist auch hier ganz einfach.

Herstellung mit Starterkulturen

Vorzugsmilch oder pasteurisierte Milch mit entsprechendem Fettgehalt auf etwa 35 °C erwärmen. Etwa fünf Prozent der verwendeten Milchmenge verrühren Sie mit Starterkulturen und Labverdünnung nach Aufschrift. Anschließend geben Sie die Mischung unter ständigem Rühren zu der Gesamtmilchmenge hinzu. Nach 12 bis 16 Stunden trennen sich Bruch und Molke. Vorteile dieses Verfahrens:

● Die Verwendung von Lab erhöht die Ausbeute an Milcheiweiß.

● Der Bruch wird fester, und es gehen nicht so viele wertvolle Inhaltsstoffe an die Molke verloren. Die Herstellung von Quark mit Labzusatz ist die beste Methode zur Quark- und Schichtkäseherstellung; das Resultat entspricht dem handelstypischen Frischkäse, wie er überall im Supermarkt erhältlich ist. Ich habe die Herstellung mit und ohne Starterkulturen praktiziert und festgestellt, dass die Ergebnisse mit Labzusatz insgesamt befriedigender waren.

Quarkrezepte

Nach der ersten erfolgreichen Quarkherstellung bieten sich unzählige Möglichkeiten, das Ergebnis weiterzuverarbeiten. Quarkrezepte finden Sie reichlich in diesem Kapitel, von Quarkhering über Süßspeisen bis hin zu Backwaren und Brotaufstrichen. Sie werden sicher Ihre kulinarischen Erwartungen ansprechen und Ihren Speiseplan erweitern. Viel Spaß beim Ausprobieren!

ÖSTERREICHISCHER TOPFEN

Zutaten für 4 Portionen
1 Zwiebel
2 Knoblauchzehen
200 g Quark
50 ml saure Sahne
50 g zimmerwarme Butter
Salz
Schwarzer Pfeffer aus der Mühle
2–3 EL frisch gehackte Kräuter

Zubereitung
1 Die Zwiebel schälen und fein hacken.
2 Knoblauchzehen schälen und durch eine Presse drücken. Alles mit Quark, Sahne und Butter verrühren.
3 Den Quark würzen und die Kräuter einrühren.

FEINSCHMECKER-TIP
Schmecken Sie am Schluss den fertigen Quarkhering noch mit schwarzem Pfeffer aus der Mühle ab.

QUARKHERING MIT ÄPFELN

Zutaten für 4 Portionen
1 Essiggurke
1 Zwiebel
1 Apfel
Saft von 1/2 Zitrone
250 g Quark
50 ml saure Sahne (oder Kefir)
150 g Matjesfilets
2 EL gehackte Petersilie

Zubereitung
1 Die Essiggurke in kleine Würfel schneiden.
2 Die Zwiebel schälen und fein würfeln.
3 Den Apfel schälen, entkernen und ebenfalls klein würfeln; mit Zitronensaft beträufeln.
4 Den Quark mit saurer Sahne verrühren und die vorbereiteten Zutaten unterheben.
5 Die Matjesfilets klein schneiden und zusammen mit der Petersilie einrühren.

Sauermilchprodukte

SACHERKÄSE

VARIATIONS-MÖGLICHKEIT
Statt der Petersilie
können Sie auch
fein gehackten
Schnittlauch – egal
ob getrocknet oder
frisch – verwenden.

Zutaten für 4 Portionen

200 g Quark
50 ml saure Sahne
50 g zimmerwarme Butter
1 EL mittelscharfer Senf
2 gekochte Eier
3 Sardellenfilets
1 Zwiebel
2 EL gehackte Petersilie
Salz
Schwarzer Pfeffer aus der Mühle
Edelsüßes Paprikapulver

Zum Garnieren

Salzstangen

Zubereitung

1 Quark, saure Sahne, Butter und Senf in einer Schüssel gründlich verrühren. Die Eier schälen, Eiweiß und Eigelb trennen.
2 Das Eiweiß hacken, die Eidotter zerreiben und unter den Quark mengen.
3 Die Sardellenfilets klein schneiden.
4 Die Zwiebel schälen und hacken. Zusammen mit der ebenfalls gehackten Petersilie in den Quark rühren.
5 Das Ganze mit einer Prise Salz, Pfeffer und Paprikapulver verrühren.
6 In eine Servierschüssel schichten, mit Paprikapulver bestäuben und mit Salzstangen dekorieren.

QUARK AUS LIPTAU

Zutaten für 4 Portionen

200 g Quark
100 ml saure Sahne
50 g zimmerwarme Butter
1 Zwiebel
1 Bund Schnittlauch
1 EL eingelegte Kapern
Salz
Schwarzer Pfeffer aus der Mühle
Edelsüßes Paprikapulver
Nelkenpulver
Gemahlener Kümmel

Zubereitung

1 In einer Schüssel Quark, saure Sahne und Butter cremig verrühren. Die Zwiebel schälen und fein hacken.
2 Den Schnittlauch säubern und in Röllchen schneiden.
3 Kapern grob zerschneiden. Die vorbereiteten Zutaten in den Quark rühren.
4 Den Quark mit Salz, Pfeffer, Paprika- und Nelkenpulver gut abschmecken und in einer Servierschüssel anrichten.
5 Mit Paprika- und Kümmelpulver leicht bestäuben.

Quarkaufstriche

QUARKAUFSTRICH MIT NÜSSEN

Zutaten für 4 Portionen

250 g Quark
50 ml saure Sahne
2 frische Oreganozweige
1 Kästchen Kresse
2 Schalotten
100 g Pinienkerne
Salz
Schwarzer Pfeffer aus der Mühle

Zubereitung

1 Den Quark und die Sahne gründlich verrühren. Die Oreganoblättchen säubern und grob zerschneiden
2 Kresse aus dem Kästchen nehmen und zurechtlegen.
3 Die Schalotten schälen und hacken.
4 Anschließend die Pinienkerne sehr fein hacken.
5 Alle Zutaten in den Quark rühren, mit Salz und Pfeffer nach Belieben würzen.

SPEZIALTIP

Diese beiden Rezepte eignen sich besonders gut für nährstoffreiche Desserts im Anschluss an üppige Mahlzeiten.

TOMATENQUARK MIT RUCOLA

Zutaten für 4 Portionen

50 g Rucola (auch Brennnessel)
2 Schalotten
2 Knoblauchzehen
4 gehäutete Tomaten
250 g Sahnequark
100 g Joghurt
1 EL Tomatenmark
Salz
Schwarzer Pfeffer aus der Mühle

Zubereitung

1 Rucola waschen, trockenschütteln und in feine Streifen schneiden, die Schalotten und die Knoblauchzehen schälen und hacken.
3 Die gehäuteten Tomaten entkernen und das Fruchtfleisch klein würfeln.
4 Quark mit Joghurt und Tomatenmark verrühren.
5 Nach und nach die vorbereiteten Zutaten einrühren. Mit Salz und Pfeffer würzen.
6 Den Quark in einer Schüssel hübsch anrichten.

Tip
Mit Tomatenecken und Rucolastängeln garnieren.

Sauermilchprodukte

QUARKBIRNEN

**VARIATIONS-
MÖGLICHKEIT**

Statt der Mandelblätt-
chen können
Sie zum Garnieren
der Quarkbirnen auch
Pfefferminze-
blättchen verwenden.

Zutaten für 2 Portionen

1 schöne Birne
Saft von 1/2 Zitrone
1/8 l Weißwein
100 g Doppelrahmfrischkäse
2 cl Weinbrand
Gemahlener Ingwer
Salz
Schwarzer Pfeffer aus der Mühle

Zum Garnieren

Mandelblättchen oder
  Pfefferminzeblättchen

Zubereitung

1 Die Birne schälen, halbieren, entkernen und in
Weißwein mit Zitronensaft
fünf Minuten leise köcheln.

2 Den Frischkäse mit zwei
Esslöffel Birnensud, Wein-
brand, gemahlenem Ingwer,
Salz und Pfeffer verrühren.

3 Die Käsecreme in einen
Spritzsatz füllen und in die
Birnenhälften spritzen. Mit
Mandelblättchen garnieren.

VOLLWERTREIBEKUCHEN MIT FRÜHLINGSQUARK

Zutaten für 4 Portionen

250 g Quark
100 g Joghurt
50 g Crème fraîche
2 Basilikumzweige
1 Bund Schnittlauch
1 Bund Radieschen
1 kg Kartoffeln
200 g Flocken
(Weizen, Gerste oder Hafer)
2 Eier
2 EL saure Sahne
1 säuerlicher Apfel
Etwas Zitronensaft
Etwa 80 g Butter

Zubereitung

1 Quark, Joghurt, Crème
fraîche in einer Schüssel
verrühren. Die Basilikum-
blätter fein schneiden.

2 Schnittlauch und Radieschen schneiden.

3 Basilikum, Schnittlauch
und Radieschen unter den
Quark rühren. Mit Salz und
Pfeffer abschmecken.

4 Die Kartoffeln schälen,
fein reiben und leicht ausdrücken. Zusammen mit
den Flocken, den Eiern und
der Sahne verrühren.

5 Den Apfel schälen, entkernen, fein raspeln und
mit Zitronensaft in den Teig
rühren.

6 Butter heiß schäumend
erhitzen und darin die Reibekuchen backen.

7 Auf diese den Frühlingsquark geben und auf vorge-
wärmten Tellern servieren.

88

Süßes und Deftiges mit Quark

GORGONZOLAQUARK MIT NÜSSEN

Zutaten für 4 Portionen
100 g Gorgonzola, zimmerwarm
100 ml Sahne
250 g Quark
50 g gehackte Walnüsse
Schwarzer Pfeffer aus der Mühle
100 g helle Weintrauben

Zubereitung
1 Mit einer Gabel den Gorgonzola zusammen mit der Sahne zermusen.
2 Den Quark unterrühren.
3 Walnüsse und eine Prise schwarzen Pfeffer in den Käsequark rühren.
4 Auf einem Teller anrichten und mit den halbierten Weintrauben liebevoll garnieren.

ROQUEFORT-QUARK
150 g Roquefort mit 5 cl Sherry und 150 ml Sahne verrühren. Anschließend 200 g Quark beimengen und mit Pfeffer abschmecken.

GEBACKENER FRISCHKÄSEKUCHEN

Der Quark wird zu einem Teig verarbeitet und wie ein Kuchen gebacken, allerdings ohne Boden.

Zutaten
250 g Butter, zimmerwarm
150 g Zucker
4 Eier, getrennt
1 kg Quark
1 Päckchen Vanillezucker
1 Päckchen Vanillepuddingpulver
50 g Grieß
1 Päckchen Backpulver
Saft und abgeriebene Schale von 1 Zitrone
Butter für die Springform

Zubereitung
1 Mit einem elektrischen Handrührgerät die Butter, Zucker und Eigelbe cremig rühren. Den Backofen auf 150 °C vorheizen.
2 Nach und nach die Zutaten in genannter Reihenfolge einrühren.
3 Das Eiweiß zu steifem Schnee schlagen und unterheben.
4 Eine Springform mit Butter ausstreichen.
5 Den Quarkteig einfüllen und glatt streichen.
6 Die Form in den vorgeheizten Backofen schieben und in etwa einer Stunde fertig backen (Nadelprobe).

Sauermolke –
der wertvolle Abfall

SAUERMOLKE
Sauermolke enthält vor.allem Mineralsalze, Spurenelemente, Molkeneiweiß, Vitamine und Enzyme; sie wirkt wegen ihres hohen Laktosegehalts leicht abführend.

Es gibt zwei Arten von Molke: die Sauermolke und die Süßmolke. Die Sauermolke ist eine flüssige Abscheidung, die bei der Herstellung von Sauermilchprodukten anfällt, z.B. bei der Frischkäse- und Dickmilchherstellung. In diesem Kapitel geht es ausschließlich um Sauermolke.

Bei Molke handelt es sich um eine leicht trübe bis gelblich grüne Flüssigkeit, die nach dem Abscheiden des Fettes und des Eiweißes entsteht. Molke – auch Käsewasser, Milchserum, Sirte oder ursprünglich Gemolkenes genannt – wird im Nährwert oft unterschätzt.

Gut für die Gesundheit

Bei der Käseherstellung fallen große Mengen von Molke an, aber die Weiterverarbeitung für den menschlichen Genuss oder für die Schönheit wird leider vernachlässigt. Nur in Reformhäusern und Drogerien ist das Angebot von Trinkmolke auf dem Diätsektor fest etabliert. Molke besteht zwar zu über 90 Prozent aus Wasser, enthält aber nur sehr wenig Fett und ist daher im Vergleich zu Milch ziemlich kalorienarm. In dieser Zusammensetzung – reich an Mineralstoffen sowie Vitaminen und dabei kalorienarm – ist sie ideal für eine gesunde Ernährung. Daher wird sie auch in der Therapie bei Magenkranken und aufgrund des hohen Eiweißgehalts nicht zuletzt bei Rekonvaleszenten eingesetzt. Sauermolke besitzt viele Vitamine, Mineralstoffe, Milchzucker und enthält, im Gegensatz zur Süßmolke, auch noch hochwertige Milchsäure.

Wofür Molke verwendet wird

Molkereien geben normalerweise ihren Überschuss an Sauermolke an Bauernhöfe mit Tierhaltung ab, wo sie zur Verfütterung verwendet wird. Ein beträchtlicher Teil Molke wird auch an die Kosmetikindustrie zur Weiterverarbeitung geliefert. Molke wird industriell zu Molkenpulver verarbeitet. Ein Großteil der Molke wird weiterbehandelt; Sauermolke scheidet beim Erhitzen das Milchalbumin als quarkähnliche Masse ab – berühmtestes Beispiel dafür ist der italienische Ricotta-Frischkäse. Diese vergorene Molke, auch Sauer oder Molkensauer genannt, dient zur Herstellung von Molkeneiweiß und Molkenessig.

Energietrunk aus Molke

Molke ist jedoch ernährungsphysiologisch viel zu wertvoll, als dass man sie so stiefmütterlich behandeln sollte. Einige Molkereien bieten mittlerweile einen Vollkorntrunk, eine Kombination aus Molke und Getreide, an. Dieses Getränk enthält zusätzlich zu den wertvollen Inhaltsstoffen über 90 Prozent rechtsdrehende Milchsäure.

Es ist gar nicht schwierig, diesen Trunk selbst herzustellen:
1. Nehmen Sie frische, nicht erhitzte Sauermolke (eventuell ab Molkerei).
2. Geben Sie Nüsse und Sauerteigbrot hinzu, und vermengen Sie die Zugaben mit der Sauermolke.
3. Decken Sie das Ganze mit einer Alufolie ab.
4. Sieben Sie die festen Bestandteile ab, und erhitzen Sie den Trunk 30 Minuten lang auf 62 bis 64 °C, sonst gärt die Molke heftig weiter. Lassen Sie dann das Getränk bei 30 °C 24 Stunden stehen.

Dieser Trunk schmeckt nicht nur, er bewirkt viel mehr:
- Aktiviert den Stoffwechsel
- Stärkt das Immunsystem
- Regeneriert die physiologischen Darmbakterien, stabilisiert das Darmmilieu und regt die Verdauung an
- Reguliert den Säure- und Basenhaushalt
- Erhöht die Sekretion von Verdauungsfermenten
- Entschlackt und entwässert das Gewebe
- Reinigt und entgiftet das Blut (Cholesterin)
- Vitalisiert den gesamten Organismus
- Fördert die Lebensfunktionen
- Verbessert die Leistungsfähigkeit und verringert Müdigkeits- und Erschöpfungszustände
- Steigert das Wohlbefinden.

ARZNEIMITTEL
Sauermolke bewirkt im menschlichen Organismus eine Reihe von Vorgängen, so dass man den Energietrunk schon fast als mild wirkendes Arzneimittel bezeichnen kann.

Tips zur Weiterverwertung von Molke

Wenn Sie Sauermilchprodukte herstellen, fällt dabei immer Molke an. Nutzen Sie die hervorragenden Eigenschaften dieses »Abfallprodukts« für Ihre Ernährung und Schönheitspflege.

1. Die frische Molke gut gekühlt (Eiswürfel) pur trinken.
2. Frische Molke mit Fruchtsäften Ihrer Wahl anreichern und dieses Getränk Ihren Kindern als »coole Limonade« anpreisen.
3. Die Molke als Vitamintrunk für das Sonntagsfrühstück bereitstellen.
4. Selbst zusammengestellte Müslimischungen als Krönung mit ein paar Löffeln Molke verrühren.
5. Frische oder gekühlte Molke in Flaschen abfüllen und als Badezusatz verschenken. Beachten Sie aber die Haltbarkeit (siehe unten) – am besten vermerken Sie sie gleich auf der Flasche.
6. Einen Schönheitstag mit abendlichem Molkebad einlegen – einfach etwas Molke in das klare Wasser geben. Diese Mischung macht die Haut schön weich und erhöht ihre Spannkraft, ohne einen Fettfilm zu hinterlassen.

Herstellung von Limonade

MOLKEN-LIMONADE
Mit Fruchtsaft Ihrer Wahl zaubern Sie in Windeseile eine leckere Limonade.

Einen halben Liter Molke mit ein paar Esslöffeln Fruchtsaft Ihrer Wahl verrühren. Probieren Sie auch Apfelsaft, Kirschsaft, Sanddornsirup, einen Schuss Zitronensaft oder Himbeersaft aus.

Nur begrenzt haltbar

Stellen Sie die frische Molke in gut verschließbaren Gläsern immer gleich in den Kühlschrank. Bitte beachten Sie, dass sich Molke nur eine Woche hält. Innerhalb dieser Zeit müssen Sie also entschieden haben, wofür Sie sie weiter verwenden.
Der hohe Laktosegehalt der Molke dient vor allem Hefen als Nährstoff. Diese überziehen bereits nach wenigen Tagen die Molke mit einer faltigen Haut – sie eignet sich dann nur noch bedingt zur Weiterverarbeitung.

Sauermolkenrezept

FORMAGGIO RICOTTA

Für dieses Rezept sollte keine frische Molke verwendet werden, sondern Molke, die bereits mindestens einen Tag im Kühlschrank nachgesäuert hat.

Zutaten

1 l Molke

Mindestens 1 1/2 l frische Vollmilch

Zubereitung

1 Die Molke in einem Topf so lange erhitzen, bis sie fast aufkocht.
2 In die Molke unter ständigem Rühren die Milch portionsweise zugießen – immer nur so viel, wie die Molke aufnimmt.
3 Herd ausschalten und den Topf etwa 15 Minuten stehen lassen.
4 Eine Schüssel mit einem eingehängten Sieb, das mit einem Tuch ausgelegt ist, bereitstellen.
5 Den Topfinhalt langsam durch das Sieb gießen. Die Flüssigkeit muss gut ablaufen können.
6 Anschließend das Ganze eine knappe Stunde stehen lassen.
7 Die Käsemasse schließlich in Förmchen schichten, abdecken und einige Stunden stehen lassen, damit die Molke ablaufen kann.
8 Die Förmchen stürzen – und fertig ist der Ricotta.

Tip

1 Die fertigen Käsestücke mit Folie abdecken und bis zum Verzehr in den Kühlschrank stellen.
2 Dann mit frisch gehackten Kräutern und Pinienkernen bestreuen.
3 Nach Belieben mit Salz und Pfeffer würzen.

HAUSHALTSTIP
Die Frischkäsestücke mit Marmelade, Honig, Schokolade und Ahornsirup zum Frühstück servieren – so fängt der Tag gut an!

Käse

Käse gehört zu den ältesten und beliebtesten Nahrungsmitteln. Unter diesem Oberbegriff verbergen sich weltweit 4000 verschiedene Sorten – von Frischkäse, der keine Reifezeit braucht, über Weichkäse wie etwa Camembert bis hin zu Hartkäse. In diesem Kapitel erfahren Sie, wie Sie die wichtigsten Sorten selbst herstellen können.

Seit Jahrhunderten beliebt

Die Geschichte der Käsegewinnung ist uralt. Es gibt verschiedene Theorien, welches Volk wann und wie Käse als Nahrungsmittel entdeckte. Fest steht, dass die Sumerer vor etwa 5000 Jahren den Rohstoff Milch in einer weiterentwickelten Konsistenz, als eine Art Frischkäse, zu sich nahmen. Auch andere Völker, z. B. Nomaden in Zentralasien, die Milch in Behältnissen aus Ziegenmägen mit sich führten und feststellten, dass die Milch säuerte und löffelfester Quark daraus wurde, dürften schon Käse gekannt haben. Die Sumerer sollen bei der Schlachtung eines mit Milch gesäugten Jungtiers in dessen Magen angeblich Quark vorgefunden haben. Was unsere Vorfahren damals zufällig entdeckten, war jedoch nichts anderes als Lab – also ein Enzym, das in den Mägen von jungen Säugetieren vorkommt, um die Milch verdaulicher zu machen. Derartige Enzyme, die später vornehmlich aus den Labmägen junger Kälber und Lämmer gewonnen wurden, lassen die Milch gerinnen. Neben der Milch ist Lab der wichtigste Bestandteil zur Herstellung von Käse.

Käse – gereifter Quark

Man hatte außerdem festgestellt, dass die Milch aber nicht nur in Mägen oder Därmen von Säugetieren gerinnt, sondern auch, indem man sie mit dem Saft des Feigenbaumes versetzt. Das »Gerinnsel« wurde in geflochtene Weidekörbe geschöpft, damit die Flüssigkeit ablief. Je länger das eiweißreiche Milchkonzentrat reifen konnte, umso konzentrierter wurde es. Vereinfacht ausgedrückt ist Käse somit nichts anderes als gereifter Quark. Anfänglich stellte man ausschließlich Sauermilchkäse her, weil dieser durch die Dicklegung mit Milchsäure gewonnen wurde. Man trocknete ihn an der Luft oder in Felsenkellern, um ihn haltbar zu machen; teilweise war er nach Jahren noch essbar und sehr fest. Bei den Griechen und Römern waren diese extrem harten Käsearten als Marschgepäck beliebt.

ARABER UND WIKINGER
Übrigens kannten nicht nur die Griechen und Römer den Käse, sondern auch die Araber und später als erste Nordeuropäer die Wikinger – und nicht die Schweizer!

Käse als Zahlungsmittel

Käse war nicht nur ein hochwertiges Nahrungsmittel, er war auch anerkanntes Tauschobjekt und Zahlungsmittel. Im Jahre 812 erließ Kaiser Karl der Große die erste Butter- und Käseverordnung.

Die Bauern konnten Käse seinerzeit als Zahlungsmittel verwenden. In Klöstern wurde die Käserei sehr intensiv betrieben, da Käse ein wesentlicher Bestandteil der Fastennahrung war.

Manche berühmte Käseklassiker fanden schon früh Erwähnung, wie Roquefort um 1070 oder Chester im 12. Jahrhundert bzw. Gorgonzola und Emmentaler im 13. Jahrhundert.

Käse und Savoir-vivre

SCHIMMEL-INFEKTIONEN
Bei der Erfindung vieler Käsesorten stand der Zufall Pate: Schimmelinfektionen beispielsweise brachten die Menschen auf die Idee, Edelschimmelkäse und Camembert herzustellen.

Käse ist heute ein international beliebtes Grundnahrungsmittel. Die Lust auf Käse machte erfinderisch. Seit dem 18. Jahrhundert ist ein deutlicher Anstieg von neuen Käsesorten in Fachbüchern registriert.

Mittlerweile gibt es weltweit rund 4000 Käsetypen, die sich in etwa 500 Käsesorten einteilen lassen. Käse hat in vielen Formen unsere Küchen erobert. Mittlerweile ist er zu einem Werbeträger für ein neues mediterranes Lebensgefühl geworden. Eine Flasche Wein, knuspriges frisches Brot und dazu ein leckeres Stück Käse – wer könnte da nein sagen?

Zu dieser Entwicklung haben mehrere Faktoren beigetragen. In Deutschland sind zur Zeit etwa 600 Käsetypen erhältlich, in Frankreich – man glaubt es kaum – gibt es nur halb so viel. Die Käseproduktion ist – was die Quantität angeht – in Frankreich allerdings wesentlich höher als bei uns.

Rein statistisch gesehen ist der Käseverbrauch in Ländern mit hohem Lebensstandard stetig gestiegen. Die vielen Lebensmittelskandale in den Bereichen Fleisch und Fisch haben in den letzten Jahren zu einem noch höheren Käsekonsum geführt. Hinzu kommt die steigende Zahl der Vegetarier, die im Käse eine ideale Ergänzung zur fleischlosen Ernährung finden. Denn Käse ist nicht nur äußerst nahrhaft und sättigend, sondern er schmeckt auch ausgezeichnet – besonders, wenn er gut gereift ist.

›Von Hart- bis Sauermilchkäse‹

Ein bisschen Ordnung muss sein

Es gibt kaum ein Lebensmittel, das in so vielen Varianten angeboten wird wie Käse. Die Anzahl der Käsesorten ist riesig, nicht zuletzt weil sich die Anforderungen der Verbraucher immer wieder ändern und die Technologie der Käsereien immer perfekter wird. Um ein bisschen Ordnung in diese Vielfalt zu bringen, wurde die deutsche Käseverordnung eingeführt. Dieser zufolge wird Käse nach dem Gehalt an Trockenmasse und Wasser eingeteilt. Durch diese Klassifizierung werden gleichzeitig die Weiche- und Härteabstufungen berücksichtigt. Die Käsesorten werden demnach eingeteilt in:

- Kuhmilchkäse
- Ziegenmilchkäse
- Schafmilchkäse
- Büffelmilchkäse.

Käsegruppen

Der Verbraucher erhält durch die Käseeinteilung Informationen über den Fettgehalt, den Wassergehalt und die Herstellungsart der jeweiligen Käsegruppe. Käse ist immer einer der folgenden Gruppen zugeordnet und mit einer Fettgehaltsstufe versehen:

- Hartkäse
- Schnittkäse
- Halbfester Schnittkäse
- Weichkäse
- Frischkäse
- Sauermilchkäse.

Hartkäse

Die Käse dieser Gruppe haben den höchsten Gehalt an Trockenmasse. Am Ende der Reifezeit von etwa vier bis zehn Monaten beträgt der Gehalt an Trockenmasse mindestens 60 Prozent. Die bekanntesten Vertreter dieser Käsegruppe sind Emmentaler, Greyerzer, Comté, Cheddar oder Chester. Solche Käse werden gern für Fondue und Raclette verwendet.

EU-KÄSEBERGE
Für viele kleine, genossenschaftlich organisierte Molkereien wurde trotz der EU-Agrar-Subventionspolitik die Käseproduktion unrentabel; sie wurde in letzter Zeit immer mehr von Großbetrieben übernommen.

Schnittkäse

Dieser Käse ist geschmeidiger und weicher als Hartkäse. Der Trockenmassegehalt beträgt 49 bis 63 Prozent. Vertreter dieser Gruppe sind wie Gouda, Edamer und Tilsiter.

Halbfester Schnittkäse

Diese Bezeichnung ist nur in Deutschland üblich, denn zu dieser Gruppe gehören Käsesorten, die zwischen Weichkäse und Schnittkäse liegen – wie Roquefort, Stilton oder Butterkäse. Trockenmassegehalt: zwischen 44 und 55 Prozent.

Weichkäse

Die Käse dieser Gruppe (Wasseranteil zwischen 68 und 73 Prozent) reifen anders als die bisher genannten: Durch den Zusatz von Bakterien reift Weichkäse von außen nach innen. Die Reifung erfolgt innerhalb von etwa drei Wochen. Während dieser Zeit läuft die Molke ab. Bekannte Sorten: Camembert, Brie und Limburger.

REIFEZEIT
Während der Reifezeit, die bei manchen Weichkäsearten nur wenige Wochen, bei Hartkäse auch viele Monate dauern kann, kommt es durch bakterielle Vorgänge zu einer Umwandlung des Eiweißes.

Frischkäse

Zu dieser Gruppe gehören alle Käsesorten ohne Reifung – also Schichtkäse, körniger Frischkäse, Rahmkäse und Speisequark. Wassergehalt: zwischen 50 und 80 Prozent.

Sauermilchkäse

Zu dieser Gruppe gehören regionale Spezialitäten wie Handkäse, Stangenkäse, Olmützer Quargel oder Harzer. Sie werden aus Quark zubereitet und haben weniger als 10 Prozent Fett in der Trockenmasse.

Was ist Fett i. Tr.?

Käse besteht aus Wasser und Käseinhaltsstoffen wie Fett, Eiweiß, Milchzucker, Salz, Mineralien, Vitaminen und Spurenelementen. »Fett i. Tr.« bedeutet: Fett in der Trockenmasse. Da Käse auch einen Wasseranteil hat, beziehen sich alle Angaben immer nur auf die Trockenmasse, denn der Käse verliert bei der Reifung Wasser, der Trockenmassegehalt hingegen bleibt konstant.

Käseeinteilung nach Fettgehaltsstufen

Beispiel Parmesan

Der Parmesan (*Parmigiano Reggiano*) besitzt 32 Prozent Fett i. Tr.: Diese Prozentangabe sagt aus, dass in der trockenen Käsemasse des Hartkäses 32 Prozent Fett enthalten sind. Je älter und härter der Käse, umso konzentrierter ist das Fett. Um Fettgehaltsschwankungen, die vom Reifegrad des Käses abhängig sind, zu umgehen, wird der Fettgehalt in der Trockenmasse deklariert. Man kann davon ausgehen, dass in 100 Gramm Parmesan von 32 Prozent Fett i. Tr. der Fettgehalt im Schnitt 16 Gramm beträgt. Der maximale Fettanteil bei einem sehr, sehr alten Stück Parmesan, der theoretisch kein Wasser mehr enthalten würde, beträgt hingegen 32 Gramm Fett.

Der Fettgehalt in der Trockenmasse ist je nach der verwendeten Milch sehr unterschiedlich. Nach den gesetzlichen Bestimmungen, festgelegt in der Käseverordnung, muss daher bei allen Käsesorten der Fettgehalt angegeben werden. Dies erfolgt durch die Angabe der Fettgehaltsstufe oder des Fettgehalts in der Trockenmasse.

Fettgehaltsstufen und Wassergehalt

Doppelrahmstufe	60 bis 85 % Fett i. Tr.
Rahmstufe	mindestens 50 % Fett i. Tr.
Vollfettstufe	mindestens 45 % Fett i. Tr.
Fettstufe	mindestens 40 % Fett i. Tr.
Dreiviertelfettstufe	mindestens 30 % Fett i. Tr.
Halbfettstufe	mindestens 20 % Fett i. Tr.
Viertelfettstufe	mindestens 10 % Fett i. Tr.
Magerstufe	unter 10 % Fett i. Tr.

Einteilung nach Wassergehalt in der fettfreien Käsemasse

Hartkäse	bis maximal 56 %
Schnittkäse	54 bis 63 %
Halbfester Schnittkäse	61 bis 69 %
Weichkäse	mehr als 67 %
Frischkäse	mehr als 73 %
Sauermilchkäse	60 bis 73 %

KÄSE-VERORDNUNG
Laut Käseverordnung muss der Erzeuger bei allen Käsesorten den exakten Fettgehalt angeben.

Käse

Die Hauskäserei

BEZUGSQUELLEN
Im Anhang finden Sie Adressen von Herstellern, die alle Utensilien anbieten, die Sie zum Selberkäsen benötigen. Manche Fachgeschäfte bieten für den Hausgebrauch eine Art Anfängerpaket mit entsprechenden Elementen an.

Sie benötigen eine kleine Grundausstattung an Geräten, die Sie wahrscheinlich alle in Ihrem Haushalt vorfinden:

- Einen Topf aus Aluminium oder Edelstahl, der für das Erwärmen der Milch benötigt wird und als Käsekessel dient. Am besten eignet sich ein alter Kupferkessel.
- Rührgeräte, Holzlöffel oder Schneebesen.
- Einen Dickmilchschneider oder eine Käseharfe.
- Schneidegeräte für den Bruch, ideal wäre ein Käsemesser.
- Ein Küchenthermometer.
- Käseformen. Verwenden Sie entweder selbst hergestellte oder zweckentfremdete Gegenstände, wie z.B. unglasierte Teekanneneinsätze aus Ton oder im Fachhandel erhältliche Käseformen.
- Leinentücher.

Die Hauskäserei hat eigene Gesetze

Wenn Sie sich zum Selberkäsen entschließen, sollten Sie einige Tips beherzigen:

1. Der Käse, den Sie in eigener Produktion herstellen, ist nicht für den Verkauf zulässig. Im Lebensmittelgesetz sind Hygienevorschriften festgelegt, nach denen Käse oder Milchprodukte hergestellt werden müssen, die für den Verkauf bestimmt sind. Selbstkäsen ist also ausschließlich für den Verzehr zu Hause vorgesehen. Die Rezepte dieses Buchs und die praktischen Anleitungen sind demzufolge für die private Käseherstellung gedacht.

2. Die Wahl der Milch bleibt Ihnen überlassen, aber es ist in jedem Fall empfehlenswert, für die Rezepte in diesem Buch keine Rohmilch ab Hof zu verwenden. Die Wahl der Milch ist entscheidend für Geschmack und Fettgehalt des fertigen Käses. Für die folgenden Rezepte wurde pasteurisierte Milch oder Vorzugsmilch verwendet. Ultrahocherhitzte Milch (H-Milch) und homogenisierte Frischmilch eignen sich nicht für die Herstellung von Labkäsen. Sie sind jedoch bedingt verwendbar für Frischkäsesorten, also für Quarkrezepte.

100

Tips zum Selberkäsen

3. Um gute Käseergebnisse zu erzielen, ist Hygiene unerlässlich. Bitte immer darauf achten.

4. Professionelles Zubehör wie Käseharfe, verschiedene Formen und Käsepresse können Sie nach Bedarf über die im Anhang genannten Adressen beziehen. In den Beispielen wurden Geräte und Zubehör verwendet, die im Normalfall sowieso im Haushalt vorrätig sind.

5. Selbst gemachter Käse hat einen ganz eigenen, unverwechselbaren Geschmack und ist nur begrenzt mit gekauften Sorten vergleichbar. Das hat mehrere Gründe:

a) Der Geschmack hängt von der Wahl der Milch ab, von der Temperaturbeständigkeit während der Käserei und von der Übung im Herstellen von Käse.

b) Berühmte Käsesorten selbst herzustellen ist nicht möglich, da die für die industriell hergestellten Käsesorten besondere Milchbakterienstämme und Geräte verwendet werden, die im Hausgebrauch nicht anwendbar sind.

c) In Ihrer Käseküche werden Sie ganz eigene Kreationen erhalten, die mit dem handelsüblichen Käse (fast) nicht zu vergleichen sind, aber mindestens so gut schmecken – können Sie doch ganz individuelle Geschmacksrichtungen erzeugen.

(GEHEIM-) BAKTERIEN

Einen Emmentaler oder einen Gouda werden Sie wahrscheinlich nicht selbst herstellen können, da hierfür bestimmte Bakterienkulturen verwendet werden, die von den entsprechenden Molkereien nicht weitergegeben werden.

In Deutschland gibt es etwa 600 Käsesorten – stellen Sie dennoch Ihre eigene, unverwechselbare Kreation her!

101

Käse

> ## Nötige und unnötige Bakterien
>
> Für eine erfolgreiche Käseherstellung brauchen Sie Mikroorganismen, also Milchsäurebakterien, die sich durch Zusätze und entsprechende chemische Abläufe entwickeln. Unerwünschte Bakterien, wie krankheitserregende Keime in der Rohmilch, schmälern das Ergebnis. Bevor Sie mit der Käseherstellung beginnen, sollten Sie daher alle nötigen Utensilien kurz abkochen.

Lab – wichtiges Hilfsmittel

LAGERUNG
Bewahren Sie flüssiges Lab, pulverisiertes Lab oder Labtabletten immer im Kühlschrank, dunkel und kühl, auf.

Lab ist ein Hilfsstoff in der Käseherstellung und kann aus verschiedenen Quellen gewonnen werden:

- Tierisches Lab – Enzyme aus den Labmägen von Kälbern, Rindern und Jungrindern
- Pflanzliches Lab aus Feigenbaumsaft, Labkraut etc.
- Mikrobielles Lab aus Schimmelpilzen und Bakterien.

Lab hat die Eigenschaft, die Milch schnell dickzulegen. Für den Hausgebrauch eignen sich Labtabletten besser als Flüssiglab; letzteres ist weniger lange haltbar und schwieriger zu dosieren. Zu viel Lab lässt den Käse bitter werden, bei zu wenig Lab gerinnt die Milch nicht richtig.

Beachten Sie bitte, dass Lab innerhalb eines Jahres aufgebraucht werden sollte, da es sonst in seiner Wirkung nachlässt. In der Käserei werden je nach Käsesorte die dazu passenden Labsorten verwendet, denn die enthaltenen Enzyme haben unterschiedliche Eigenschaften. Der Käsereimeister verwendet also nicht jedes Lab für jeden Käse.

Die richtige Starterkultur

Buttermilch eignet sich als Starterkultur für alle Käsesorten ausgezeichnet. Ebenso gut können Sie aber auch Dickmilch oder Joghurt verwenden, der allerdings höchstens 14 Tage alt sein darf – am besten also aus eigener Herstellung. Während die Industrie fast allen Käsesorten Konservierungs- und Farbstoffe zusetzt, stellen Sie einen absolut reinen Käse her – wie das geht, erfahren Sie auf den folgenden Seiten.

102

Weichkäse – selbst gemacht

Verwenden Sie für Ihre Hauskäserei eine auf die jeweilige Käsesorte abgestimmte Form, denn die Käseform nimmt beim Formprozess den Bruch – je nach Käsesorte mit mehr oder weniger Molke – auf, der in dieser Form dann zum Rohkäse zusammenwächst.

Die Form macht's!

Sollten Sie keine speziellen Käseformen haben oder kaufen wollen, können Sie auch Joghurt- oder Quarkbecher verwenden, die Sie mit Löchern versehen.

Leinentücher

Leinentücher haben bei der Käseherstellung zwei Funktionen: Zum einen dienen sie als Tücher zum Ausschlagen der Käseformen, zum anderen trennt man mit ihnen die Käsemasse von der flüssigen Molke. Ist das Leinentuch zu weit gewebt, besteht die Gefahr, dass beim Pressen der Käsemasse diese in die weite Porung eingedrückt wird. Ist das Tuch hingegen zu dicht gewebt, ergibt sich das umgekehrte Problem: Die Molke läuft nicht (richtig) ab.

MENGEN
Für Weichkäse gilt folgende Grundregel: Aus zwei Liter Milch können Sie etwa 200 bis 250 Gramm Käse gewinnen.

Die Käsemeister dieser Allgäuer Sennerei schöpfen den Bruch mit Hilfe eines großen Käsetuchs von der Molke ab.

Käse

Schritt-für-Schritt-Anleitung

1 Gewählte Milch mit Starterkultur erwärmen

ZUTATEN
2 l Milch
(Vorzugs- oder
pasteurisierte Milch),
50 ml Buttermilch,
1 Labtablette

Zwei Liter Milch mit 50 Milliliter reiner Buttermilch (Starterkultur) verrühren und 30 Minuten auf 32 ˚C erwärmen. Währenddessen entwickeln sich die Milchsäurebakterien.

2 Gerinnen der Milch mit Labzusatz

Eine Labtablette oder sechs Tropfen flüssiges Lab in einer kleinen Tasse, die mit 32 ˚C warmem Wasser gefüllt ist, verrühren und in die Milch einrühren. Den Topf mit einem Tuch abdecken, die Milch möglichst an einen warmen Ort stellen und etwa 30 Minuten arbeiten lassen. Während dieser Zeit verändert sich die Milch durch die Starterkultur sowie den Labzusatz und wird zu einer gelartigen Masse. Diese Masse nennt man Gallerte.

3 Schneiden der Gallerte

**GALLERT-
PRÜFUNG**
So prüfen Sie die
Gallerte fachmän-
nisch: Tauchen Sie
einen Finger in die
dickgelegte Milch,
und ziehen Sie ihn
langsam und waag-
recht wieder heraus.
Dabei bildet sich an
der Stelle, an der Sie
den Finger einge-
taucht haben, ein
Riss. Ist der Rand um
diesen Riss glatt, ist
die Konsistenz der
Gallerte ausreichend.
Sieht der Rand um
den Riss fransig aus,
braucht die Gallerte
noch mehr Zeit.

Die dickgelegte Milch muss geschnitten werden, damit sich die Molke vom Bruch trennen kann. Die Größe dieser Bruchwürfel ist entscheidend für die Molkenabgabe: Je feiner die Gallerte geschnitten ist, desto schneller und ausgiebiger kann die Molke abfließen. Je gröber die Gallerte geschnitten wird, umso mehr Molke bleibt im Bruch. Für Weichkäse, dessen Trockenmasse zwischen 35 und 52 Prozent liegt, wird der Bruch gröber geschnitten. Zum Größenvergleich: Walnussgroßer Bruch entspricht Weichkäse, weizenkorngroßer Bruch entspricht Hartkäse. Zum Schneiden nimmt der Fachmann eine so genannte Käseharfe, aber im Hausgebrauch kann die Gallerte auch mit einem Messer in etwa zentimetergroße Würfel geschnitten werden. Den Topf mit der geschnittenen Gallerte etwa 20 bis 30 Minuten stehen lassen.

4 Bruch und Molke trennen sich

Sie sehen nun deutlich, dass sich der Bruch nach unten abgesetzt hat. Die überstehende Molke muss abgeschöpft werden. Sobald sich die eingedickte Milch in Bruch und Molke geteilt hat, darf nicht mehr gerührt werden. Die Käsemasse ist sehr empfindlich und sollte nicht zerschlagen werden.

104

5 Den Bruch in Käseformen abschöpfen

Die Käseformen, in die der Bruch geschöpft wird, müssen kleine Löcher haben, damit die restliche Molke ablaufen kann. Den Bruch in die Formen füllen und möglichst in eine Schüssel oder auf ein Gitter stellen, wo die Molke problemlos abfließen kann. Die mit der Bruchmasse gefüllten Formen mit einem nassen Küchenleinen abdecken.

6 Abtropfen und Formen des Käses

Die Abtropfzeit der Molke beträgt etwa 24 Stunden. In dieser Zeit setzt sich die Käsemasse mehr und mehr, da immer weniger Molke enthalten ist. Alle vier bis sechs Stunden müssen die Käseformen gewendet werden, damit die Molke gut ablaufen kann und der Käse seine typische Form erhält. Nach 24 Stunden den Käse aus der Form nehmen und einige Male drehen, um die restliche Molke im Käse gewichtsmäßig zu verlagern und dem Käse eine gleichmäßige Form zu geben. Der Weichkäse kann noch mit Gewürzen, Kräutern, Nüssen und Aromen angereichert werden.

7 Weiterverarbeiten im Salzbad

Um Weichkäse geschmacklich zu verbessern oder haltbarer zu machen, wird der abgetropfte Käse für etwa ein bis drei Stunden in ein Salzbad gelegt. Verrühren Sie dazu einen halben Liter lauwarmes Wasser mit 120 Gramm Salz. Legen Sie den Käse hinein, und wenden Sie ihn mehrmals. Herausnehmen und gut abtropfen lassen.

8 Reifen lassen

Weichkäse hat eine Reifezeit von etwa 8 bis 14 Tagen. Der Käse wird bei einer Temperatur von etwa 14 bis 16 °C und relativ hoher Luftfeuchtigkeit gelagert.
Der Käse bekommt dadurch eine festere Konsistenz, und eventuelle Zugaben wie Knoblauch oder Kräuter können besser durchziehen. Weichkäse sollte zur Lagerung oder zur Reifung keinesfalls offen liegen bleiben. Entweder in mit Salzwasser getränkte Tücher wickeln oder in dicht verschlossene Behälter geben (dort wird die zur Reife nötige Luftfeuchtigkeit erreicht).

LABGERINNUNG
Weichkäse wird durch Labgerinnung gewonnen. Frischkäse wird durch Säuregerinnung mit minimalem Labanteil erzeugt. Dadurch erklärt sich der unterschiedliche Geschmack von Frischkäse und frischem Weichkäse.

Käse

1 *Milch und Buttermilch für etwa 30 Minuten auf 32 °C erwärmen.*

2a *Eine Labtablette mit 32 °C warmem Wasser vermischen.*

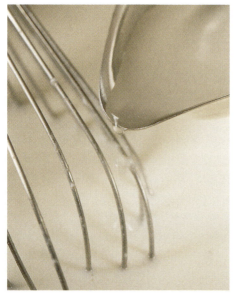

2b *Lablösung in die Milch-Buttermilch-Lösung einrühren und arbeiten lassen.*

3 *Die so entstandene Gallerte in etwa walnussgroße Würfel schneiden.*

In acht Schritten zum Weichkäse

5 Den Käsebruch in eine Käseform füllen, die Molke fließt dabei ab.

6 Nach 24 Stunden ist die Molke abgeflossen. Den Käse aus der Form nehmen.

7 Legen Sie den Käse für ein bis drei Stunden in ein Salzbad.

8 Weichkäse reift in etwa 8 bis 14 Tagen bei hoher Luftfeuchtigkeit.

Variationen für Weichkäse

Die folgenden Rezepte orientieren sich an der Schritt-für-Schritt-Anleitung für Weichkäse (Seite 104) und möchten Ihnen Anregungen geben, ganz individuelle, auf Ihren Geschmack zugeschnittene Käsesorten zu kreieren.

MANDELKÄSE MIT WALNÜSSEN

HAUSHALTSTIP
Die fertigen Käse für eine Stunde in ein Salzbad legen und abtropfen lassen. In ein nasses Tuch wickeln und ein bis drei Tage im Kühlschrank nachreifen lassen. Anschließend in dem Bärlauch wenden.

Zutaten für 4 Stück Käse
2 l Milch
100 ml Buttermilch
1 Labtablette
50 g gehackte Mandeln
50 g gehackte Walnüsse
100 g gehobelte Mandelblättchen

Zubereitung
1 Mandeln und Walnüsse in kochendes Wasser streuen, einmal aufkochen und in einem Sieb abtropfen lassen.
2 Die Milch erwärmen. Kurz vor der Zugabe der Labtablette die gehackten Nüsse einrühren.
3 Nach der Schritt-für-Schritt-Anleitung vorgehen.
4 Die fertigen Käse aus den Formen nehmen, wenden und in den Mandelblättchen wälzen.

Tip
Die Käse für etwa 1 1/2 Stunden in ein Salzbad legen (siehe Schritt 7, Seite 105); danach in den Mandelblättchen wälzen.

BÄRLAUCHKÄSE MIT KNOBLAUCH

Zutaten für 4 Stück Käse
2 l Milch
100 ml Buttermilch
1 Knoblauchzehe
1 kräftige Prise Salz
1 Bund frisch gehackter Bärlauch (auf Ökomärkten erhältlich)

Zubereitung
1 Die Milch erwärmen. Dann die Knoblauchzehe schälen und durch die Presse in die Milch drücken; salzen.
2 Schritte 2 bis 7 nacheinander ausführen.
3 Die fertigen Käse aus den Formen nehmen, mit der Hand drehen und nachformen.
4 Die Käse im Bärlauch wälzen und auf einem Holzbrett servieren.

MOZZARELLA

Zutaten für 4 Stück Käse

1 3/4 l Milch
250 ml Sahne
5 EL Buttermilch
1 Labtablette

Zubereitung

1 Weichkäse, wie im Schritt-für-Schritt-Verfahren beschrieben, herstellen. Bei Schritt 1 Milch, Sahne und Buttermilch gut verrühren und erwärmen.

2 Den Frischkäse nicht nur 24 Stunden, wie in Schritt 6 beschrieben, abtropfen lassen, sondern für weitere 24 Stunden in den Kühlschrank stellen.

3 Die Käse aus den Formen nehmen und für etwa 30 Minuten in ein Salzbad legen. Herausnehmen und kurz abtropfen lassen.

4 Die Käse in Folie wickeln und zum Reifen für etwa drei bis fünf Tage in den Kühlschrank legen.

HAUSHALTSTIP

Den Mozzarella auf einem Holzbrett servieren und mit frisch gehacktem Basilikum bestreuen. Nach Belieben mit Olivenöl, schwarzem Pfeffer aus der Mühle und etwas Zitronensaft beträufeln. Trockener Weißwein aus Kampanien, der Heimat des Mozzarellas, passt gut dazu.

SÜDLÄNDERKÄSE IN OLIVENÖL

Dieser Käse hält sich, in Olivenöl eingelegt, wochenlang – stellen Sie ihn am besten gleich aus drei Liter Milch her.

Zutaten für 6 Stück Käse

3 l Milch
7 EL Buttermilch
1 1/2 Labtabletten
Salz
1 Bund gemischte Kräuter
(z. B. Thymian, Rosmarin,
Salbei etc.)
2 Knoblauchzehen
2 l Olivenöl

Zubereitung

1 Den Käse, wie in den Schritten 1 bis 6 beschrieben, herstellen.

2 Am besten nicht ein einziges großes Stück, sondern gleich mehrere handliche Stücke herstellen.

2 Die Käse in Salz wälzen und eine Stunde ruhen lassen; abtupfen, bis sie sich außen trocken anfühlen.

3 Die Käse in ein Glasgefäß abwechselnd mit den Kräutern und dem Knoblauch schichten.

4 Mit Olivenöl auffüllen, so dass die Käse vollständig bedeckt sind.

5 Die Käsestücke bei Zimmertemperatur aufbewahren und je nach Gebrauch entnehmen.

Käse

SAHNEWEICHKÄSE MIT PINIENKERNEN

Zutaten für 4 Stück Käse

1 1/4 l Milch

750 ml Sahne

100 ml Buttermilch

1 Labtablette

100 g gehackte Pinienkerne

1 Bund gehackter Schnittlauch

Zubereitung

1 Die Pinienkerne in kochend heißes Wasser streuen, einmal aufkochen und im Sieb abtropfen lassen.

2 Den Weichkäse, wie in den Schritten zuvor beschrieben herstellen. Kurz vor der Labzugabe (siehe Schritt 2) die Pinienkerne einrühren.

3 Die fertigen Käse für 1 1/2 Stunden in ein Salzbad legen und mehrmals wenden.

4 Die Käse aus dem Salzbad nehmen, abtropfen lassen und in Schnittlauchröllchen wenden.

Weichkäse mit Edelschimmel

BESONDERER SCHIMMEL
Edelschimmelkäse wie Roquefort oder Gorgonzola haben eine ganz besondere Schimmelkultur, deren Rezeptur jedoch von den Käsereien unter Verschluss gehalten wird.

Die Herstellung ist ganz einfach: Sie bereiten ein Weichkäserezept zu und geben zusammen mit dem Lab die Edelpilzkulturen bei. Verwenden Sie dafür ein Stück Edelschimmel eines gekauften Käses. Nehmen Sie mit einem Holzstäbchen die Schimmelkultur des gekauften Käses ab, und stechen Sie damit in Ihren selbst hergestellten Käse. Für jeden Einstich das Stäbchen neu mit Pilzkulturen impfen.

Hege und Pflege eines Blaublüters

Jeder Schimmelpilz hat seine Eigenheiten und braucht besondere Pflege. In den Käsereien ist die Qualitätssicherung weniger problematisch. Zu Hause arbeitet man unter erschwerten Bedingungen. Zu viele unvorhergesehene Temperaturschwankungen, schlecht ausgewählte Utensilien und mangelnde Hygiene machen den Edelpilz launisch.
Edelschimmel braucht viel Aufmerksamkeit. Er muss regelmäßig gewendet werden, sonst reift er nicht gleichmäßig und bildet Schimmel. Wird der Käse nicht immer wieder eingestochen, kann Edelschimmel nicht wachsen. Wird es ihm zu warm, dann reift er zwar schneller, aber die Pilzkultur ist krank und riecht schlecht.

Rezepte mit Edelschimmel

WEISSER SCHIMMELKÄSE NACH CAMEMBERT-ART

Zutaten für 4 Stück Käse

1 3/4 l Milch
250 ml Sahne
6–8 EL Buttermilch
Abgekratzte Rinde
von einem Camembert-Stück
1 Labtablette

Zubereitung

1 Milch, Sahne und Buttermilch im Topf verrühren. Vorgehen wie in den Schritten 1 bis 6 beschrieben, jedoch vor der Labzugabe die Schimmelrinde einrühren.

2 Sehr niedrige Käseform wählen – Camembert reift von außen nach innen. Je höher die Käseform, umso länger dauert die Reifung.
3 In Schritt 7 die Käse für etwa eine Stunde in ein Salzbad legen.
4 Zum Reifen auf Strohmatten in einen kühlen Raum legen. Während der Reifezeit von etwa zwei Wochen mehrmals wenden.
5 Der Schimmelflaum zeigt sich nach etwa fünf Tagen.

KÄSEFORM

Wählen Sie am besten eine Käseform, die doppelt so hoch wie der gewünschte Käse ist.

BLAUER BAYERNSCHIMMELKÄSE

Zutaten für 4 Stück Käse

2 l Milch
8 EL Buttermilch
1 Labtablette
1 TL Schimmel vom Bavaria blue
1 Tasse Molke

Zubereitung

1 Die Milch erhitzen und Lab zusetzen.
2 Den Blauschimmel in einer Tasse Molke verrühren und in den Topfinhalt einrühren.
3 Die Käsemasse in normale Formen füllen. Abdecken und zwei Tage stehen lassen, dabei mehrmals drehen, damit die Molke gut abläuft.

4 Die fertigen Käse für gut zwei Stunden in ein lauwarmes Salzbad (20 Gramm Salz pro Liter) legen, so dass sie vollständig bedeckt sind.
5 Herausnehmen und auf einem Brett oder auf einer Strohmatte mindestens zwei Stunden trocknen lassen.
6 Die trockenen Käse mit einer dicken Nadel mehrmals auf allen Seiten einstechen, damit der Schimmel Luft und Nahrung zum Vermehren bekommt.
7 Käse bei einer Temperatur von etwa acht °C sechs bis acht Wochen, möglichst in einer Reifebox, reifen lassen.

Käse

Hart- und Schnittkäse

REINLICHKEIT
Bei der Herstellung von Hartkäse ist eine peinliche Sauberkeit nötig. Diesbezügliche Nachlässigkeiten rächen sich meist während der langen Reifezeit: Der Käse schmeckt dann nicht.

Damit ein Käse geschnitten werden kann, muss die Konsistenz sehr fest sein. Diese Käsedichte wird durch den höheren Anteil der Trockenmasse erreicht: Je weniger Wasser der Käse enthält, umso größer ist seine (schnittfähige) Trockenmasse. Je mehr Wassergehalt ein Käse hat – wie das bei Weichkäse oder Frischkäse der Fall ist –, umso weniger schnittfähig ist der Käse. Käsesorten wie Frischkäse bezeichnet man als streichfähig bzw. stichfest. Hartkäse hat in der Regel einen Trockenmassegehalt von 62 Prozent – er besitzt eine festere Konsistenz und ist schnittfähig.

Hartkäse

Hartkäse benötigt eine Reifezeit von 2 bis 36 Monaten. Die bekanntesten Hartkäsesorten sind:
- Pecorino aus Italien, 36–45 % Fett i.Tr.
- Bergkäse aus Deutschland, 45–50 % Fett i.Tr.
- Chester aus England, 45–50 % Fett i.Tr.
- Gruyère aus der Schweiz und Frankreich, 45 % Fett i.Tr.
- Gouda aus Holland, 30 %, 40 %, 45 %, 50 % Fett i.Tr. .
- Comté aus Frankreich, 45 % Fett i.Tr.

Schnittkäse

Schnittkäse bewegt sich im Trockenmassegehalt so um die 55 Prozent, halbfeste Schnittkäse haben etwa 50 Prozent.

Zu den Schnittkäsen gehören:
- Tilsiter aus der Schweiz und Deutschland, 30 %, 40 %, 45 %, 50 %, 60 % Fett i.Tr.
- Trappistenkäse aus Deutschland, 30 % Fett i.Tr.
- Pyrenäenkäse aus Frankreich, 45 % Fett i.Tr.

Die gängigsten halbfesten Schnittkäse sind:
- Butterkäse aus Deutschland, 45 %, 50 %, 60 % Fett i.Tr.
- Esrom aus Dänemark, 45 % Fett i.Tr.
- Gorgonzola aus Italien, 48 % Fett i.Tr.
- Taleggio aus Italien, 48 % Fett i.Tr.

Farbstoffe im Käse

Wie kommen die Löcher in den Käse?

Der bekannteste Hartkäse mit Lochbildung ist der Emmentaler. Naturbelassene Rohmilch wird zur Reinigung zentrifugiert, ein Teil des Milchfetts wird dabei entzogen. Das ist üblich, um eine Standardisierung auf 45 Prozent Fett i. Tr. zu erzielen. Dann erwärmt man die Milch auf 31 °C und setzt Bakterienreinkulturen zu, die zur Säuerung, zur späteren Reifung und zur Aroma- und Lochbildung dienen. Der Kesselmilch wird schließlich Lab hinzugefügt. Die Gallerte wird bis auf Reiskorngröße zerkleinert. Anschließend erfolgt die Erwärmung (fachmännisch als Brennen bezeichnet) bei 50 °C. Der Bruch wird nun in Formen gefüllt. Nach dem Pressen schwimmt der Käse etwa vier Tage lang in einem Salzbad. Etwa 1000 Liter Milch ergeben einen etwa 75 Kilogramm schweren Emmentaler Käselaib.

Färben von Hart- und Schnittkäsen

Vielen Käsesorten mit einem Fettgehalt unter 40 Prozent Fett i. Tr. werden Farbstoffe zugesetzt, damit der jeweils typische Farbton – unabhängig von Jahreszeit oder den durch Fütterung bedingten Schwankungen – erzielt wird. Natürliche Farbstoffe sind nach dem Lebensmittelrecht zugelassen, können aber trotzdem vereinzelt Allergien hervorrufen oder sonstige gesundheitliche Folgen bewirken.

Die am häufigsten verwendeten Farbstoffe sind:
- Farbvitamine

Beta-Karotin (Provitamin A)

Laktoflavin (Vitamin B2)
- Pflanzliche Farbstoffe

Orlean wird aus der Frucht des Orleanbaumes gewonnen.

Annatto (auch: Bixaceae, Bixin) ist ein orangefarbener Farbstoff, der aus den Annattogewächsen gewonnen wird. Annattofarben sind gelb bis orange.

Safran gehört zur Pflanzengattung der Schwertliliengewächse und ist ein Gewürz; es wird aus dem orangeroten Crocus sativus und Crocus officinalis gewonnen.

Kurkumin wird aus der Gelbwurzel gewonnen und wirkt gelb bis grünlichgelb.

FARBSTOFFE
Zwischen dem deutschen Lebensmittelgesetz und den Bestimmungen anderer Länder gibt es große Unterschiede: So sind beispielsweise in Deutschland Safran und Kurkumin nicht zugelassen, im Ausland jedoch schon.

113

Käse

Hart- und Schnittkäse – selbst hergestellt

DIE PRESSUNG
Bei Hartkäse bedarf
es eines zusätzlichen
Arbeitsganges –
der Pressung –,
damit genügend
Molke abfließt und
der Käse schnittfest
wird.

Beginnen Sie mit der Herstellung eines Schnitt- oder Hartkäses in einer gut zu bewältigenden Menge. Ich stelle Ihnen einen fertigen Käse von etwa 500 bis 600 Gramm vor – das Gewicht ist von der Länge der Reifung abhängig. In den Rezeptvorschlägen variiert die Milchmenge, woraus sich auch eine andere Käsemenge ergibt. Eine Faustregel besagt: Ein Liter Milch ergibt 60 bis 100 Gramm fertigen Käse.

Zutaten: 6 l Milch, 150 g Joghurt, 3 Labtabletten, Salz.

1 Milch mit Starterkultur erwärmen
In einem Topf sechs Liter Milch mit 150 Gramm Joghurt (z. B. Bulgaria, keinesfalls aber Joghurt mild) als Starterkultur verrühren und etwa 30 Minuten bei 32 °C erwärmen.

2 Gerinnen der Milch mit Labzusatz
Drei Labtabletten laut Packungsaufschrift in lauwarmem Wasser auflösen und in die 32 °C warme Milch rühren. Den Topf abdecken, an einen warmen Ort stellen und eine Stunde stehen lassen. Der Platz sollte keinen Temperaturschwankungen unterliegen. Grundsätzlich bieten sich folgende Warmhaltealternativen an:
- In den vorgeheizten, ausgeschalteten Backofen stellen
- Den Topf mit einer Decke umwickeln
- Den Topf in eine Spüle stellen und fortwährend lauwarmes Wasser nachgießen.

3 Schneiden der Gallerte
Die Milch ist durch den Labzusatz dickgelegt worden. In diesem Zustand spricht man von Dickete oder Gallerte. Für Hartkäse schneidet man sie mit einem speziellen Dickmilchschneider in zentimetergroße Würfel. Lassen Sie den Bruch etwa zehn Minuten ruhen. Temperaturschwankungen möglichst vermeiden!

114

In zehn Schritten zum eigenen Hart- und Schnittkäse

4 Rühren und Brennen

Der Bruch wird – im Gegensatz zu dem des Weichkäses – nochmals in einer Schüssel, die in einem Wasserbad schwimmt, erhitzt – was man in der Fachsprache Brennen nennt. Die Temperatur sollte etwa 45 bis 50 °C betragen. Unter fortwährendem Rühren mit einem Kochlöffel – am besten in Achterschleifen – den Bruch in etwa erbsengroße Bruchkörner zerkleinern.

Sie sollten während dieses Vorgangs eine Griffprobe machen. Nehmen Sie dazu die Bruchkörner in die Hand, um festzustellen, ob die Bruchkörner noch zusammenkleben. Erst wenn sie nicht mehr zusammenhängen, ist der Bruch richtig. Lassen Sie ihn anschließend bei gleich bleibender Temperatur etwa 20 Minuten ruhen.

5 Den Bruch in Käseformen abschöpfen

Eine große Schüssel mit Sieb bereitstellen, das mit einem Leinentuch ausgelegt ist. Den Bruch in das Sieb schöpfen. Das Tuch an den Tuchenden nehmen und hin- und herbewegen, so dass reichlich Molke abfließen kann. Den Bruch gründlich mit lauwarmem Wasser spülen und dann in Käseformen füllen, die mit straff gezogenen Tüchern ausgelegt sind. Es dürfen sich keine Falten bilden, denn das Tuch bewirkt eine leichte Rindenbildung.

Die Schnitt- und Hartkäsesorten können vor dem Einfüllen des Bruchs in die Käseformen geschmacklich verändert werden. In diesem Stadium werden blanchierter Kümmel, Kreuzkümmel, Zwiebeln, Senf oder gewünschte Gewürze beigemengt (Rezepte ab Seite 122).

Sobald die Käseformen gefüllt sind, das überhängende Tuch über der Bruchoberfläche straff zusammenziehen.

KÄSEFORMEN
Bevor Sie den Bruch durch das mit einem Käseleinen ausgelegte Sieb in eine Schüssel schöpfen, sollten Sie die Käseformen bereitstellen.

6 Käse pressen

Ob der Käse gelingt, hängt nun ganz von der eingehaltenen Temperatur und vom Pressen ab. Sollten Sie über entsprechende Käseformen mit dazugehörigen Pressvorrichtungen verfügen, ist das Pressen in der Gebrauchsanweisung genau beschrieben. Arbeiten Sie mit Verlegenheitsvorrichtungen, die Sie selber gebastelt oder zweckentfremdet

Käse

3 *Schneiden Sie die dickgelegte Milch in zentimetergroße Würfel.*

4a *Erhitzen Sie den Bruch erneut bei 45 bis 50 °C (Brennen).*

4b *Griffprobe: Prüfen Sie, ob die Bruchkörner nicht mehr zusammenhängen.*

5a *Den Bruch in einem Käsetuch bewegen – die Molke fließt ab.*

Anleitungen für Hart- und Schnittkäse

5b *Abschöpfen des Bruchs in vorbereitete Käseformen.*

6 *Den Käse mit Gewicht beschweren und insgesamt etwa 14 Stunden pressen.*

8 *Den so entstandenen Hartkäse auf allen Seiten salzen.*

10 *Während der Reifezeit möglichem Schimmel mit Salzwasser vorbeugen.*

Käse

PERSÖNLICHE ANMERKUNG
Mein Großvater stellte oft aus der überschüssigen Milch Käse her. Er nahm eine mit einem Tuch ausgeschlagene Blechform mit Löchern und beschwerte sie mit Ziegelsteinen unterschiedlicher Größe.

haben, ist das Gewicht zum Pressen nicht einfach zu errechnen. Wird zu schnell und mit zu viel Gewicht gepresst, dann kann sich die Käseoberfläche zu schnell verdichten und lässt die Molke schlecht ablaufen. Das Ergebnis: ein säuerlich schmeckender Käse.

Wird der Käse dagegen mit einem zu schwachen Gewicht und bei zu niedriger Temperatur gepresst, schließt sich die Rinde ungenügend. Als grobe Faustregel gilt: Je größer die Oberfläche, desto schwerer sollte das Gewicht sein. Allerdings spielt auch die Käsesorte eine Rolle.

So pressen Sie Hart- und Schnittkäse richtig

Den Käsebruch mit einer Füllmenge bis zu einem Kilogramm mit einem Pressgewicht von etwa drei Kilogramm beschweren. Dieses Gewicht muss auf der Käseoberfläche gleichmäßig verteilt sein, damit die Molke entsprechend ablaufen kann und der Käse die richtige Form bekommt.

7 Wenden und Weiterpressen

Nach der ersten Presszeit von etwa zwei Stunden das Tuch vorsichtig vom Käse abziehen, damit die Rinde nicht beschädigt wird. Den Käse zurück in die Form legen, wenden, mit dem Tuch bedecken und mit einem Gewicht von etwa fünf bis sechs Kilogramm erneut für etwa 12 Stunden pressen. Die Raumtemperatur sollte während des Pressens konstant zwischen 20 und 25 °C liegen.

8 Salzen oder Salzbaden

Sie können zwischen zwei Arten der Salzbehandlung wählen:
a) Den Käselaib außen von allen Seiten mit einer kräftigen Prise Speisesalz (ohne Jodzusatz) einreiben. Diesen Vorgang täglich zwei- bis viermal wiederholen, bei größeren Laiben noch öfter. Den Käse nach jeder Salzbehandlung wenden. Nach zwei Tagen ist das Salzen abgeschlossen.
b) 250 Gramm Salz in einem Liter zimmerwarmem Wasser auflösen. Den Käse für etwa zwölf Stunden in das Salzbad legen und ca. alle vier Stunden wenden.

Hart- und Schnittkäse selbst hergestellt

9 Trocknen und Reifen

Wenn Sie den Käse im Salzbad hatten, nehmen Sie ihn heraus, und tupfen Sie ihn trocken. Anschließend können Sie ihn mit Rotwein oder Bier im Abstand von einigen Stunden mehrmals schmieren, bis sich eine feste, geschlossene Rinde bildet. Zum Reifen in eine spezielle Reifebox oder in einen geeigneten Raum legen.

10 Pflegen während der Reifezeit

Der Käse muss mindestens drei bis fünf Wochen reifen. Während der Anfangszeit alle ein bis zwei Tage wenden und dabei die Käseflächen nass abwischen. Am besten das Tuch in Salzwasser tauchen, um so auch einer eventuellen Schimmelbildung vorzubeugen. Sie können Ihren selbst gemachten Käse durchaus zwei Monate reifen lassen. Mit der Zeit finden Sie bestimmt die Reifezeit heraus, nach der Ihnen der Käse am besten schmeckt.

WACHSSCHICHT

Industriell hergestellte Käse werden vor dem Reifen oft gewachst, indem sie in ein auf 140 °C erhitztes Paraffinwachsbad vorsichtig eingetaucht werden. Die Wachsschicht schützt den Käse vor dem Austrocknen und vor Fliegen.

Der Käsemeister prüft den Reifezustand eines berühmten französischen Käses, des Roqueforts, der zu den halbfesten Schnittkäsen gehört.

Mögliche Fehler beim Käsen

FEHLERQUELLEN
Versuchen Sie nach Möglichkeit, diese Fehlerquellen auszuschalten – dann wird Ihnen Ihr Käse gelingen!

1. Temperaturschwankungen: Der Käse leidet unter Wärmeschwankungen, und der Bruch wird zu spät oder ungleichmäßig fest. Achten Sie daher auf eine gleich bleibende Temperatur.

2. Brennen des Bruchs: Mit verminderter Käsequalität muss man rechnen, wenn der Bruch nicht gleichmäßig erhitzt (gebrannt) wurde. Wird der Bruch zu hoch erhitzt, wird er «totgebrannt», was sich auf den Geschmack auswirkt.

3. Rühren des Bruchs: Der Bruch darf nicht zu heftig gerührt werden. Erst wenn die Bruchkörner etwas fester sind, kann rascher gerührt werden.

4. Käsetuch: Das Legen und Straffziehen des Käsetuches ist wichtig. Bei unsachgemäßem Umgang erhält der Käse eine schlechte Rinde und bildet schneller Schimmel.

5. Milch: Bei Verwendung von Rohmilch kann der Käse einen »Spättrieb« bekommen. Der Fehler zeigt sich allerdings erst einige Wochen später – während der Reifezeit. Der Käse sieht aufgebläht aus. Die Ursache sind Buttersäurebakterien (Clostridien), die durch schlechte Fütterung und vor allem über Gärfutter in die Milch gelangen.

In der industriellen Herstellung werden Zusätze wie E 251 (Natriumnitrat), E 252 (Kaliumnitrat) oder Lysozym eingesetzt, die diese Bakterien vernichten. Auch pasteurisierte Milch kann bisweilen einen Spättrieb bewirken, da deren Buttersäurebakterien Sporen bilden, die die Erhitzung überleben können. Käse mit Spättrieb wegwerfen! Am besten verwenden Sie daher Vorzugsmilch oder Milch von Betrieben ohne Silagefütterung. Bei der »Frühblähung« werden spätestens zwei Tage nach der Einlabung Blasen im Käse sichtbar. Diese entstehen durch coliforme Keime und Hefen, die Milchzucker abbauen und Gase bilden. Der Käse ist dann voller kleiner Löcher. Die Fehlerquelle liegt hier bei der Milch, die diese schädlichen Keime enthielt. Käse mit Frühblähung ebenfalls wegwerfen.

6. Schlechte Ausgangsstoffe: Bitterer Käsegeschmack kann durch Bitterstoffe im Futter, durch coliforme Keime und durch zu hoch dosierte Labmenge entstehen.

Fehlerkatalog beim Selberkäsen

7. Temperatur: Rissiger Käse entsteht durch
a) zu niedrigen Wassergehalt
b) Temperaturschwankungen beim Dicklegen der Milch, die durch Zugluft oder durch Wetterschwankungen verursacht werden können.

8. Hygiene: Bei schmieriger, weißer Käseoberfläche müssen die Temperaturen, die Herstellungsweise und die Hygiene überprüft werden. Fleckiger Käse deutet auf Schimmel und Bakterien hin. Hygienebedingungen und Temperaturen überprüfen.
Bei leichtem Schimmelbefall an der Rinde von Hartkäsen hilft Abwischen mit Salzwasser oder Essiglösung.

So gelingt Ihnen Ihr Käse

1. Den Härtegrad bzw. die Festigkeit des Käses können Sie durch eine entsprechende Bearbeitung der Bruchkörner erreichen. Je größer die Bruchkörner sind, desto weicher wird der Käse. Andersherum: Je kleiner die Bruchkörner, umso fester der Käse.
2. Die Gleichmäßigkeit des Bruches entscheidet über die Qualität des Käses. Je ausgewogener der Bruch ist, desto besser entmolkt der Käse.
3. Je mehr Molke bereits im Tuch – vor dem Einfüllen in Käseformen – abfließen kann, desto besser und schneller entmolkt der Käse während des Pressvorgangs.

FESTIGKEIT
Als Grundregel für die Größe der Bruchkörner gilt: Für Weichkäse sollten sie etwa walnussgroß sein, bei Hart- und Schnittkäse Erbsengröße besitzen.

Die Herstellung des berühmten Goudas: Die für Hartkäse notwendigen kleinen Bruchkörner sind deutlich zu erkennen.

Käse

Variationen für Hartkäse

MENGEN
Die Faustregel besagt, dass ein Liter zu verkäsende Milch ca. 100 Gramm fertigen Käse ergibt.

Alle Rezepte orientieren sich an der Schritt-für-Schritt-Anleitung für Hart- und Schnittkäse (Seiten 114 bis 119). Es wird genau angegeben, wo Sie variieren können, so dass Sie unverwechselbare Sorten herstellen können.

HARTKÄSE MIT DICKMILCH

Zutaten für 1 Stück Käse

5 l Vollmilch	
100 ml Dickmilch	
3 Labtabletten oder	
15 Tropfen flüssiges Lab	
10 g Salz	

Zubereitung
1 Schritte 1 bis 3 einhalten.
2 Als Starterkultur jedoch nicht Buttermilch, sondern Dickmilch verwenden.
3 Anstelle des Brennens (Schritt 4) wird der Bruch mit Salz vermischt.
4 Schritte 5 bis 10 wie angegeben ausführen.
5 Die Reifezeit beträgt je nach Wunsch etwa drei bis sechs Wochen.

SCHNITTKÄSE MIT ANNATTO

HAUSHALTSTIP
Um die Mehlpaste herzustellen, verrühren Sie etwas Mehl mit Wasser, so dass eine streichfähige Paste entsteht.

Zutaten für 1 oder 2 Käselaibe

10 l Vollmilch	
200 ml Buttermilch	
20 Tropfen Annatto (siehe Seite 113)	
5 Labtabletten oder	
40 Tropfen flüssiges Lab	
10 g Salz	

Zubereitung
1 Zuerst Vollmilch, Buttermilch und Annatto verrühren. Schritt 2 wie beschrieben ausführen.
2 Bei Schritt 3 den Bruch (0,5 Zentimeter groß) würfeln und das Salz beimengen.
3 Den Bruch in eine große, mit einem Tuch ausgelegte Form einfüllen und etwa zwei Stunden pressen (siehe Schritt 6).
4 Den Käse nach einem Tag aus der Form nehmen, die Oberfläche mit einer Mehlpaste verstreichen. Käse in ein Tuch fest einwickeln.
5 Während einer Reifezeit von zwei Wochen und einer Temperatur von etwa 18 °C den Käse täglich wenden.

HOFKÄSE

**Zutaten für 1 oder
2 Käselaibe**

6 l Vollmilch

100 g Vollmilchjoghurt

2 1/2 Labtabletten

Zubereitung

1 Vorgehensweise wie bei den Schritten 1 und 2.

2 Bei Schritt 3 die Gallerte in etwa drei Zentimeter große Würfel schneiden.

3 Bei Schritt 4 den Bruch so rühren, dass die Bruchkörner etwa die doppelte Größe von Erbsen haben.

4 Schritt 5 beibehalten, anschließend den Käse eine Stunde ruhen lassen.

5 Der Käse wird nicht gepresst, sondern innerhalb von einer Stunde etwa fünfmal aus der Form genommen, neu eingewickelt und wieder in die Form zurückgesetzt.

6 Anschließend den Käse in der Form etwa einen Tag bei einer Temperatur von 30 °C ruhen lassen.

7 Ca. drei Liter Lake (150 Gramm Salz pro Liter Wasser) herstellen. Käse aus der Form und dem Tuch nehmen und für etwa 2,5 Stunden in die Lake legen.

8 Den Käse aus der Lake nehmen, abtrocknen und zum Reifen in die kühle Speisekammer legen.

9 Während der Reifung von sechs bis acht Wochen den Käse die ersten zwei Wochen täglich wenden, danach nur noch ein- bis zweimal pro Woche.

EXPERTENTIP

Der Hofkäse gelingt besonders gut, wenn man ihn in eine Reifebox legt.

Noch ein paar Worte zur Süßmolke

Süßmolke ist reich an Eiweiß und Mineralsalzen. Sie ist hochwertiger als Sauermolke, denn sie enthält noch die Molkenproteine Albumin und Globulan. Allerdings hat sie auch einen hohen Laktosegehalt, so dass für Menschen mit Laktoseunverträglichkeit die Sauermolke besser geeignet ist. Sollten Sie viel Labkäse herstellen und über dementsprechend viel Süßmolke verfügen, möchte ich Ihnen folgende Verwendung, die in Skandinavien praktiziert wird, vorschlagen: Die Einheimischen essen dort sehr gerne Mesost (abgeleitet aus: *Mes* = Molke; *Ost* = Käse), der als eine Art Streichkäse serviert wird (Seite 125). Wäre das nicht auch eine Idee für uns Mitteleuropäer?

Käse

ENGLISCHER SCHNITTKÄSE MIT SCHMALZÜBERZUG

**HERSTELLUNGS-
DATUM**
Wenn die Schmalz-
schicht noch nicht
ganz fest ist,
lässt sich gut das
Herstellungsdatum
einritzen, damit
Sie später einen
zeitlichen Überblick
haben.

Cheddar aus England wird zur Haltbarmachung und zum Schutz vor dem Austrocknen mit Schmalz eingerieben. Dieses Verfahren können Sie auch beim Selberkäsen anwenden: Sie legen den hergestellten Hart- oder Schnittkäse nicht ins Salzbad, sondern nehmen den Käse aus der Form, reiben die Außenflächen mit reinem Schweineschmalz ein und wickeln ihn anschließend fest in Leinentücher ein.
Wichtig: Das Einfetten mit Schweineschmalz schützt zwar vor dem Austrocknen, ersetzt aber nicht das regelmäßige Wenden des Käses während der Reifezeit.

**Zutaten für 1 oder
2 Käselaibe**

10 l Vollmilch	
100 ml Buttermilch	
5 Labtabletten	
15 g Salz	
Schweineschmalz zum Einreiben	

Zubereitung
1 Verarbeiten Sie die Milch, wie es in den Schritten 1 bis 4 beschrieben ist: Erwärmen, Labzusatz, Schneiden der Gallerte, Rühren, Brennen.
2 Bei Schritt 5 dem Bruch Salz beimengen und ihn dann in eine Form geben.

3 Beim Pressen (Schritt 6) die Käseform etwa zwei Stunden mit zehn Kilogramm Druck pressen. Die nächsten zehn Stunden mit doppeltem Gewicht pressen.
4 An Stelle des Salzbadens (Schritt 8) den aus der Form genommenen Käse mit Schmalz einreiben und fest in ein Tuch einwickeln.
5 Während der Reifezeit von etwa acht Wochen den Käse in den ersten drei Wochen täglich wenden, anschließend reicht ein Mal pro Woche.

SAHNIGER SCHNITTKÄSE

**Zutaten für 1 oder
2 Käselaibe**

6 l Vollmilch	
250 ml Sahne	
100 ml Buttermilch	
3 Labtabletten	

Zubereitung
Bei Schritt 1 Vollmilch, Sahne und Buttermilch verrühren. Anschließend wie gewohnt die neun weiteren Schritte durchführen.

Hartkäse international

MESOST

Zubereitung

1 Die Molke in einem sehr breiten Topf aufkochen. Die Hitze so einstellen, dass laufend Flüssigkeit verdampft.
2 Öfter umrühren, damit sich die dick gewordene Molke nicht am Topfboden festsetzt. Bei der Wahl des Topfes beachten, dass die Molke nur die Hälfte des Volumens ausfüllt, da sie während des Kochens hochschäumt.
3 Die Molkenpaste in eine Schüssel füllen und diese in ein kaltes Wasserbad setzen. Die Molke kalt rühren.
4 Die kalte Masse in eine Käseform mit Löchern füllen, mit einem Gewicht von einem Kilogramm beschweren und für einen Tag in einen kühlen Raum stellen.
5 Den Käse aus der Form stürzen, gut abdecken und in den Kühlschrank stellen.
6 Bedenken Sie, dass dieser Käse am besten schmeckt, wenn er frisch verzehrt wird; er ist höchstens drei Tage haltbar.

DREITAGEKÄSE

Dieser Käse schmeckt am besten, wenn Sie ihn frisch, d. h. innerhalb von drei Tagen, verzehren.

Zum Schluss des Käsekapitels verrate ich Ihnen noch ein Resteverwertungsrezept für übrig gebliebene Randabschnitte, unansehnlich geschnittene Scheiben und andere Reste von Hart- und Schnittkäsen.

SCHMELZKÄSE MIT PISTAZIEN

Zutaten für etwa 300 g Käse

200 g Hart- und Schnittkäsereste
50 ml trockener Weißwein
50 g gehackte oder ganze ungesalzene Pistazien

Zubereitung

1 In einem Topf heißes Wasser für das Wasserbad vorbereiten.
2 Die Käsereste mit einem Küchenhobel möglichst klein reiben bzw. schneiden.
3 Die Käsereste in eine hitzebeständige Schüssel geben und unter Zugabe von Weißwein über dem Wasserbad schmelzen.
4 Den Schmelzkäse langsam in Souffleeförmchen gießen und dabei die Pistazien einstreuen.
5 Die Förmchen mit Alufolie abdecken und zum Erkalten einige Stunden in den Kühlschrank stellen.

125

Käse

Eigene Käseerfahrungen

HERSTELLUNG VON

Zutaten:

Käseform:

Angesetzt am:

Reifezeit:

Bemerkungen:

HERSTELLUNG VON

Zutaten:

Käseform:

Angesetzt am:

Reifezeit:

Bemerkungen:

HERSTELLUNG VON

Zutaten:

Käseform:

Angesetzt am:

Reifezeit:

Bemerkungen:

Erfahrungen beim Käsen

Eigene Käseerfahrungen

HERSTELLUNG VON

Zutaten:

Käseform:

Angesetzt am:

Reifezeit:

Bemerkungen:

HERSTELLUNG VON

Zutaten:

Käseform:

Angesetzt am:

Reifezeit:

Bemerkungen:

HERSTELLUNG VON

Zutaten:

Käseform:

Angesetzt am:

Reifezeit:

Bemerkungen:

Schön durch Milchprodukte

Mit ihren wertvollen Inhaltsstoffen kuren Milch & Co. von innen heraus und verhelfen so zu einem gesunden, strahlenden Äußeren. Doch Milchprodukte können auch direkt auf den Körper aufgetragen werden und wirken dann besonders intensiv. In diesem Kapitel erfahren Sie bewährte Hausmittel und wohltuende Rezepte für Körper und Seele.

Pflege und Schönheit

Kleopatra war berühmt für ihre makellose Schönheit und für ihre Eitelkeit, sie pflegte ihr Äußeres ausgiebig. Eselsmilch verlieh, durch das darin enthaltene Milchfett, ihrer Haut Feuchtigkeit. Ihre Haut soll selbst im fortgeschrittenen Alter noch immer jugendlich straff und makellos glatt gewesen sein. Die regelmäßigen Milchbäder dürften den Alterungsprozess ihrer Haut auf Jahre hinaus verzögert haben. Trockene und reife Haut braucht enorm viel Feuchtigkeit. Mit einer gezielten, täglichen Pflege können auch wir unserer Haut mit natürlichen Produkten sehr schmeicheln. Das Ergebnis ist ein samtiges, gesundes und natürliches Aussehen.

Trinken Sie sich schön!

Frische Milchprodukte, am besten in der eigenen Küche hausgemacht, sind regelrechte Kosmetika. Der Haut werden wichtige Nährstoffe wie Kalzium und Proteine zugeführt. Sie wirken sich harmonisierend auf den Fetthaushalt der Haut aus und sind zugleich beruhigend und wohltuend für trockene, empfindliche Haut.

Schönheit von innen und außen

Natürliche Schönheit muss von innen unterstützt werden. Das beginnt mit einer vernünftigen Ernährung. Einige der Nährstoffe, die wir täglich über Milchprodukte zu uns nehmen, sind wahrhafte Schönheitsvitamine – hier eine kleine Auswahl:

- Eiweiß zur Regeneration von Haut, Haaren und Nägeln
- Kalzium zur Erhaltung und Festigung von Zähnen und Knochenbau
- A-Vitamine für Haut und Augen
- B-Vitamine für Haut, Lippen und Nerven
- Zink zur Wundheilung
- Milchfett und Milchzucker für eine gute Verdauung und zur Erhaltung der natürlichen Darmflora.

MILCHBÄDER
Milchprodukte sind preiswerte Kosmetika – es sei denn, Sie wollen Milchbäder wie Kleopatra oder Claudia Schiffer nehmen!

Schön durch Milchprodukte

Buttermilch

SONNENBRAND

Probieren Sie einmal Buttermilch gegen Sonnenbrand – Sie werden über die wohltuende Kühlung und den nachlassenden Schmerz staunen.

Sollten Sie jemals einen Sonnenbrand haben, dann bringt reine Buttermilch die wohltuende Kühlung und Erleichterung. Sie wirkt lindernd und beruhigend.

Zum Reinigen der Haut, speziell für die fette Haut, ist Buttermilch ideal.

Joghurt

Joghurt ist wohl das bekannteste Naturmittel in der Schönheitspflege. Gut und leicht aufzutragen, kühlend und schonend in der Wirkung. Aufgrund des Milchsäuregehalts ist er ein wirksames Mittel gegen fettige, großporige und unreine Haut.

Ideal zur Gesichtsreinigung, denn die im Joghurt enthaltenen Enzyme wirken gegen Bakterien und unterstützen dadurch schonend die Gesichtsreinigung.

Quark

Frischkäse hat einen sehr hohen Eiweißgehalt, der für eine wirksame äußerliche Anwendung besonders zu empfehlen ist. Empfindliche Haut mit erweiterten Äderchen und Gesichtsröte (Couperose) ist für Quarkmasken sehr dankbar.

Sahne

Täglich ein Tupfer süße Sahne ist ein hervorragendes Mittel gegen trockene, sensible Haut. Mit kreisenden Fingerbewegungen irritierte Stellen massieren. Auch Hautrötungen und -reizungen sind mit einem Schuss Sahne besser in den Griff zu bekommen.

Tips zum Selbermachen

Milchprodukte zur Verwendung für Hautmasken und Bäder sind problemlos und schnell hergestellt. Legen Sie also keine Vorräte an, denn Milchfrischprodukte (ohne Konservierungsstoffe) sind – wie wir wissen – schnell verderblich.

Stellen Sie daher stets nur die Menge her, die Sie benötigen – das gilt für Joghurt ebenso wie für Buttermilch, Quark, Sahne, Dickmilch usw.

Milchkosmetik von A bis Z

Tips und Tricks von der Fachfrau

Zum Stichwort »Pflege mit Milchprodukten« fällt der staatlich geprüften Kosmetikerin Claudia Meyer aus Schellerten einiges ein – ob es sich um den Kummer mit kleinen Fältchen um die Augen herum handelt oder das unangenehme Spannen im Gesicht bei trockener Haut.
Von A bis Z finden Sie hier alles, was Sie bei welchen Problemen mit welchen Mitteln bewirken können.

▶ **Äderchen, rote**

Einen Teil warme Milch und einen Teil stark konzentrierten Petersiliensud verrühren und als Kompresse auf den Nasen-Wangen-Bereich legen.

▶ **Anspannung**

100 Gramm Salz in die Badewanne streuen und dann das Badewasser einlaufen lassen. 100 Gramm Honig in einem Liter Milch verrühren. Zusammen mit einem Esslöffel Weizenkeimöl in das Badewasser geben.

▶ **Augen, müde**

Wattepads in einem Gemisch aus einem Esslöffel Milch und einem Esslöffel kaltem schwarzem Tee tränken. Auf die Augen legen – danach sehen Sie wieder munter aus.

ENTSPANNUNGS-BAD
100 g Salz,
100 g Honig,
1 l Milch,
1 EL Weizenkeimöl
und viel, viel Wasser.

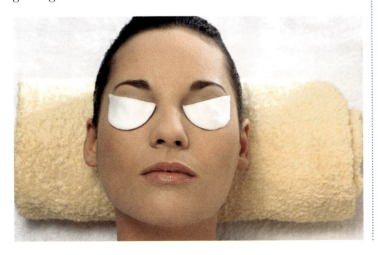

Die pflegenden Inhaltsstoffe der Milch schaffen auch bei überanstrengten Augen Linderung.

131

Schön durch Milchprodukte

▶ **Augenentzündungen**

Frischen Quark auf die Augen legen.

▶ **Brustentzündung**

Quarkwickel um die Brust legen.

▶ **Faltenbildung**

Eine Tasse sehr starken schwarzen Tee mit fünf Esslöffel Quark verrühren. Auf die Haut auftragen und mindestens 15 Minuten einwirken lassen. Mit kaltem Wasser gründlich abspülen. Macht eine schöne glatte Haut.

▶ **Füße, abgespannte**

Drei Esslöffel Meersalz mit fünf Liter kochender Milch aufgießen. Die Milch leicht abkühlen lassen und die Füße darin baden.

▶ **Gesichtsfalten**

Einen geriebenen Apfel mit 150 Gramm Joghurt und etwas Weizenstärke zu einem weichen Brei vermischen. Auf die Haut auftragen und erst nach dem Erhärten mit warmem Wasser abspülen.

SCHÖNHEITSTIP
Jeden Tag das Gesicht mit Buttermilch waschen – das wirkt der Faltenbildung entgegen.

▶ **Haut, fettige**

Zwei Esslöffel Magerquark mit je einem Esslöffel Honig und Zitronensaft sowie einem Esslöffel Frischmilch verrühren. Auf die Haut auftragen und etwa 15 Minuten einziehen lassen. Mit lauwarmem Wasser gründlich abspülen.

▶ **Haut, gereizte**

Molkepulver im Badewasser auflösen. Hilft besonders bei Hautallergien und Sonnenbrand.

▶ **Haut, sensible**

Einen viertel Liter Kamillensud mit einem viertel Liter Milch verrühren und für einige Stunden in den Kühlschrank stellen. Die Kamillenmilch auf einen Wattebausch auftragen und das Gesicht morgens sowie abends leicht massieren. Anschließend mit lauwarmem Wasser abspülen.

▶ Haut, trockene

– Einem Vollbad vier Liter Molke beimengen. Beruhigt die Haut, wirkt auf sanfte Weise ausgleichend und belebend.
– Drei Esslöffel Quark mit einem Esslöffel Honig vermischen und auf das Gesicht auftragen. Etwa 15 Minuten einwirken lassen und anschließend gründlich abspülen. Der Haut wird mit dieser Maske Feuchtigkeit zugeführt.
– Besonders zu empfehlen in der Schwangerschaft, wenn die Haut extrem zur Trockenheit neigt oder über dem Bauch spannt: den ganzen Körper mit Weizenkeimöl einreiben. Ein Vollbad einlaufen lassen und vier Liter Buttermilch hinzugeben. Eingeölt baden und danach, wenn möglich, kalt duschen.

▶ Haut, unreine

– 100 Gramm Thymianextrakt mit einem Liter Wasser aufbrühen und etwa zehn Minuten ziehen lassen. Für ein Vollbad vier Liter Molke und den Thymiansud eingießen.
– Je einen halben Teelöffel Mineralpulver und Bimssteinpulver mit einem Esslöffel Milch verrühren. Als Gesichtspeeling auf die Haut auftragen, einwirken lassen und mit lauwarmem Wasser abwaschen.

▶ Hautentzündungen

Frischen Quark auf die entzündeten Stellen geben.

▶ Hitzewallungen

Eine halbe Tasse Buttermilch mit einem Teelöffel Azulenpuder sowie mit fünf Tropfen Kamillenöl gut verrühren. Mit Wattepads auf das Gesicht auftragen, die Augenpartie jedoch aussparen. Kühlt und tut gut.

ZINKQUARK
Durch seinen hohen Zinkgehalt hilft Quark gut gegen Hautentzündungen.

Kräutersud

Für die Milch-Kräuter-Mischungen brauchen Sie öfter einen Kräutersud. Das Standardrezept: Einen Bund frische Kräuter mit einem halben Liter kochend heißem Wasser aufgießen und mindestens eine halbe Stunde ziehen lassen. Anschließend durch ein Sieb seihen.

Schön durch Milchprodukte

Die während der Schwangerschaft sehr beanspruchte Haut wird durch Joghurtmassagen elastischer.

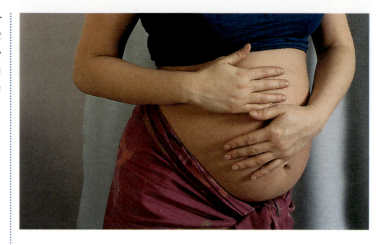

BESONDERER TIP
Wenn Sie abends schlecht einschlafen können, probieren Sie es einmal mit einem Buttermilch-Badezusatz.

▶ Mandelentzündung

Halsumschläge mit frischem Quark haben eine lindernde Wirkung.

▶ Nervosität

Geben Sie drei Liter frische Buttermilch auf eine Wannenfüllung bei 35°C. Wirkt schonend sowie entzündungshemmend und ist daher bei Nervosität, Stoffwechselstörungen und Schlaflosigkeit zu empfehlen.

▶ Pickel und Akne

50 Gramm Bierhefe gründlich mit 150 Gramm Joghurt vermischen. Auf das Gesicht auftragen, antrocknen lassen und mit lauwarmem Wasser abwaschen. Der Hefejoghurt wirkt noch besser, wenn die pulverisierte Knolle einer Schwertlilie beigemengt wird.

▶ Schwangerschaftsbeschwerden

Einen Esslöffel Weizenkeimöl mit einem Becher Sahnejoghurt verrühren und mit kreisenden Bewegungen auf den Bauch massieren. Das ist schön für das Baby, und die gespannte Haut freut sich auch.

▶ Zahnfleischbluten

Viel Sanddornmarmelade mit Joghurt vermischt essen.

Gesichtspflege

Pflegendes für das Gesicht

Immer mehr Menschen sind aufgrund der zahlreichen chemischen Zusätze Kosmetik gegenüber skeptisch geworden. Einfache und preiswerte Alternative: Mischen Sie sich Ihre eigenen, auf Sie speziell abgestimmten Produkte. Dazu einige Anregungen und Mischungen, die je nach individuellen Hautbedürfnissen verändert werden können.
Reinigungslotionen mit Zusatz von Milch oder Milchprodukten spenden Ihrer Haut viel Feuchtigkeit. Wichtig: Nach dem Reinigungsvorgang die Gesichtshaut gründlich mit lauwarmem Wasser abwaschen.

Reinigungsmischungen

▶ Milch mit Kamille: Drei Esslöffel Milch mit drei Esslöffel Kamillensud verrühren. Auf einen Wattebausch geben und die Gesichtshaut damit reinigen. Besonders für trockene Haut geeignet.

▶ Joghurt mit Honig: 150 Gramm Joghurt mit 50 Gramm Honig gründlich verrühren. Diese Mischung in einem Topf bei kleiner Hitze einige Minuten erwärmen. In ein Glas füllen und für mindestens zwei Stunden im Kühlschrank ziehen lassen. Mit einem Wattepad die Gesichtshaut reinigen: Die Mischung einige Minuten einwirken lassen, dann gründlich abwaschen. Wirkt besonders mild und schonend.

▶ Milchöl: Einen Teil Milch mit einem Teil Sonnenblumenöl verrühren. Die Gesichtshaut damit reinigen. Besonders geeignet für sensible, trockene Haut.

▶ Buttermilchholunder: Einen Teil Buttermilch mit einem Teil Holundermilch verrühren. Auf einen Wattebausch auftragen und die Haut damit reinigen.

Gesichtsmasken

Nehmen Sie sich Zeit für eine Gesichtskur. Legen Sie sich nach Möglichkeit dabei hin, und gönnen Sie sich während der Einwirkungszeit auch seelische Entspannung.

KEINE CHEMIE
Mit diesen Reinigungsmischungen ohne chemische Zusätze tun Sie Ihrer Gesichtshaut etwas Gutes.

135

Schön durch Milchprodukte

Die berühmte Gurkenmaske ist noch effektiver, wenn Sie zusätzlich Joghurt auf die Haut geben.

BITTERSTOFFE
Die Bitterstoffe der Gurke ziehen tief in die Haut ein und entfalten dort zusammen mit dem Joghurt eine wohltuende Wirkung.

▶ Gurkenmaske: Schneiden Sie eine halbe Salatgurke in dünne Scheiben. Cremen Sie Ihr Gesicht mit Joghurt ein. Legen Sie sich entspannt hin. Nun verteilen Sie die Gurkenscheiben auf ihrem Gesicht. Möglichst leise Musik hören und mindestens eine halbe Stunde liegen bleiben. Diese Maske erfrischt und belebt Ihre Gesichtshaut durch die feuchtigkeitsspendende Wirkung.

▶ Jojobajoghurt: Drei Esslöffel Quark mit einem Esslöffel Jojobaöl verrühren. Auf das Gesicht auftragen und mindestens 15 Minuten einwirken lassen.

▶ Kleiejoghurt: Drei Esslöffel Quark mit einem Teelöffel Sonnenblumenöl und einem Esslöffel Kleie verrühren. Auf das Gesicht auftragen und etwa zehn Minuten einwirken lassen. Mit Kosmetiktüchern entfernen und das Gesicht gründlich waschen.

▶ Kamillenmilch: Drei Esslöffel Kamillenblüten in einem viertel Liter warmer Milch einweichen. Nach 20 Minuten durch ein Sieb gießen. Die Kamillenmilch mit einem Esslöffel Honig und einem Esslöffel Kleie verrühren. Auf das Gesicht auftragen und 10 bis 20 Minuten einwirken lassen.

Haarpflege

▶ Apfeljoghurt: Einen kleinen Apfel fein reiben und mit einem Esslöffel Kleie und 50 Gramm Joghurt verrühren. Auf das Gesicht auftragen und mindestens 15 Minuten einziehen lassen.

Milch fürs Haar

Glanz und Spannkraft bekommt Ihr Haar hauptsächlich durch gesunde Ernährung – also reichlich Obst, Gemüse und Milchprodukte essen! Bei äußerlicher Anwendung wird beispielsweise stumpfes Haar durch die pflegenden Substanzen der Milch wieder glänzend und geschmeidig; angegriffenes, koloriertes und dauergewelltes Haar ist nach einer Milchanwendung nicht mehr so widerspenstig.

Nachfolgend einige interessante Shampoomischungen, die beim Haarewaschen allerdings nicht schäumen. Die reinigende Wirkung ist dadurch jedoch keineswegs gemindert. Grundsätzlich wird empfohlen, selbst entwickelte Shampoos oder Kuren gründlich auszuspülen und abschließend mit einem Esslöffel Obstessig die restlichen Rückstände vollständig auszuwaschen.
Das Haar ist zwar dankbar, mit Bier oder Eigelb behandelt zu werden, aber die Rückstände auf dem Kopf würden mit der Zeit nicht besonders gut duften.

▶ Kamilleshampoo mit Buttermilch: Einen Esslöffel Kindershampoo mit je vier Esslöffel Buttermilch und starkem Kamillentee mischen, die Haare gründlich waschen. Ruhig einige Minuten einwirken lassen. Anschließend mit einem Esslöffel Obstessig ausspülen.

▶ Molkeshampoo: Eine Tasse Molke mit dem Saft einer halben Zitrone und einem Esslöffel Kindershampoo verrühren. Das Haar damit gründlich waschen, anschließend mit einem Esslöffel Obstessig auswaschen.

▶ Rosmarinbuttermilch: Eine Tasse Buttermilch mit einer Tasse Rosmarinsud sowie einem Esslöffel Kindershampoo

HAARGLANZ
Egal ob Kamille, Molke, Rosmarin oder Salbei – Ihr Haar wird Ihnen die Milchbehandlung durch Glanz und Festigkeit danken.

Schön durch Milchprodukte

verrühren. Gründlich in das feuchte Haar einmassieren und nach einigen Minuten klar ausspülen. Mit einem Esslöffel Obstessig nachspülen. Besonders empfehlenswert bei fettigem Haar.

EIWEISSPROTEINE
Die Schönheitsstoffe der Milch sind vor allem die Eiweißproteine. Diese durchdringen alle Haarschichten und pflegen sie.

▶ Salbeishampoo: Eine Tasse Salbeisud mit einer Tasse Milch und einem Esslöffel Kindershampoo verrühren. In das angefeuchtete Haar einmassieren, einige Minuten einwirken lassen und gründlich ausspülen. Mit Obstessig nachspülen. Für normales und sprödes Haar sehr zu empfehlen.

Haarkuren

Haarkuren sind besonders für angegriffenes, sprödes und trockenes Haar eine Wohltat. Aber auch wenn Sie Ihrem Haar ab und zu etwas Gutes tun wollen oder Ihre eigene Haarfarbe etwas intensivieren möchten, sind Haarkuren immer empfehlenswert. Nach der Kur die Haare wie gewohnt waschen.

▶ Für alle Haartypen: Einen Esslöffel Weizenkeimöl mit drei Esslöffel Sahne und einem Teelöffel Zitronensaft ver-

Milchprodukte sind besonders für Haarkuren geeignet – von blond bis schwarz.

rühren. Auf das nasse Haar auftragen, gut durchmassieren und in einem Handtuchturban oder einer Folie mindestens 15 Minuten einwirken lassen. Gründlich ausspülen und wie gewohnt waschen.

▶ Blondinenkur: Für ein glänzendes, aufgehelltes Blond ist folgende Kur, möglichst einmal im Monat, zu empfehlen. Je eine halbe Tasse Kamillen- und Holundersud mit fünf Esslöffel Milch verrühren. In das angefeuchtete Haar massieren und unter einer Haube etwa 15 Minuten einwirken lassen. Danach wie gewohnt waschen.

▶ Rosmarinkur: Eine halbe Tasse Rosmarinsud mit einer Tasse Buttermilch verrühren und in das angefeuchtete Haar einmassieren. Nach der Kur und nach der Haarwäsche das Haar mit einem Esslöffel Obstessig auswaschen. Das riecht gut, wäscht die Rückstände aus und beugt durch die Säurezufuhr Entzündungen vor. Ganz besonders gegen Schuppen zu empfehlen.

▶ Dunkelschopfkur: Einen Teil Brennnesselsud mit einer Tasse Buttermilch vermischen. In das nasse Haar massieren und etwa 15 Minuten einwirken lassen. Danach wie gewohnt waschen. Dunkles Haar wirkt noch farbintensiver nach dieser Behandlung.

Wenn Sie etwas Gutes für sich möchten, müssen Sie nicht unbedingt tief in die Tasche greifen, um die oft sündhaft teuren Schönheitspräparate zu erstehen. Sie werden feststellen, dass diese selbst gemachten Mittel nicht nur gut für die Schönheit sind, sondern auch Balsam für die Seele sein können. Gerade bei Stress oder Nervosität wirkt eine Maske oder ein Milchvollbad entspannend. Vielleicht verschwinden dann Hautirritationen von selbst wieder, und auch die Kummerfältchen straffen sich ganz unverhofft.
Probieren Sie es aus. Seien Sie nicht enttäuscht oder entmutigt, wenn nicht alles sofort klappt – denn gerade hier gilt: Gut Ding will Weile haben. Wiederholen Sie das Ganze einfach öfter.

HAARKUREN
Haarkuren mit Milch haben den Vorteil, dass man mit ihnen das Haar nie zu stark pflegen kann, was bei herkömmlichen Produkten durchaus vorkommen kann. Das Haar hängt in einem solchen Fall glanz- und kraftlos herunter.

Für alle Fälle – Milchprodukte

Im Folgenden finden Sie eine kurze, übersichtliche Zusammenfassung der vielseitigen Verwendungsmöglichkeiten Ihrer hausgemachten Milchprodukte. Schauen Sie einfach hier nach, wenn Sie etwas Butter, etwas Joghurt oder etwas Sahne übrig haben – Sie werden erstaunt sein, wie vielfältig diese Naturprodukte sind. Ausführliche Anleitungen finden Sie in den jeweiligen Kapiteln dieses Buchs.

Milch

VIELFALT
Milchprodukte sind für fast jedes Problem in Küche oder bei der Schönheitspflege einsetzbar – sicherlich kennen Sie noch weitere bewährte Rezepte und Anwendungen.

● Beim Kochen von Blumenkohl oder Schwarzwurzeln in das Kochwasser eine Tasse Milch gießen. Die Farbe des Gemüses bleibt auf diese Weise strahlend weiß erhalten, und der Kochgeruch wird gedämpft.
● Damit Quarkmischungen nicht so schnell austrocknen: ein mit Milch benetztes Butterpapier darüber legen.

Sahne

● Wenn Sie einmal keine eigene Sahne hergestellt haben: Kaufen Sie keine ultrahocherhitzte Sahne, die zwar lang haltbar ist, sich aber nicht so gut steif schlagen lässt. Spülen Sie grundsätzlich vor dem Schlagen das Behältnis eiskalt aus. Wird die Sahne nicht steif genug, einige Tropfen Zitronensaft oder etwas Puderzucker hinzufügen.
● Sahne ist für cremige Saucen, samtige Suppen, für feine Kuchenmischungen, die Eisherstellung, Desserts und für Gemüsemischungen unentbehrlich.

Butter

● Zum Vollenden von Saucen ist der feine Buttergeschmack vorzüglich. Kalte Butterflöckchen unter die fertige Sauce mixen – am besten mit einem elektrischen Mixstab.

- Zu viel produzierte Butter zu Buttermischungen verarbeiten (Seite 38) und portionsweise einfrieren.

Buttermilch

- Die beim Buttern anfallende Buttermilch zum Einlegen von Wild und Innereien verwenden.
- Überschüssige Buttermilch für ein wohltuendes, die Haut verwöhnendes Vollbad (Seite 134) verwenden.

Joghurt

- Falls Sie durch die Rezepte dieses Buchs (ab Seite 61) so richtig Geschmack daran gefunden haben, Speisen mit Joghurt zu verfeinern: Schmökern Sie in türkischen und indischen Kochbüchern – Sie werden jede Menge raffinierte Joghurtgerichte finden.
- Machen Sie Ihren Salat einmal mit Joghurt anstelle von Essig und Öl an. Solche Salatsaucen sind viel kalorienärmer und feiner.
- Damit Joghurt beim Kochen nicht ausflockt, am besten vorher mit etwas Mehl oder Speisestärke andicken.
- Zu pampige, dicke oder überwürzte Saucen können mit Joghurt entschärft und lockerer gerührt werden.
- Joghurt wirkt auf die Haut sehr wohltuend – verwenden Sie ihn daher öfter einmal für Schönheitsmasken.

JOGHURT
Für die Joghurtanwendungen nehmen Sie am besten Naturjoghurt ohne zugesetzte Früchte oder Aromen.

Quark

- Quark lässt so ziemlich alles mit sich machen: Er eignet sich als pikante Füllung, z. B. in Schlutzkrapfen, im Kuchenteig, als Kuchenbelag, als Brotaufstrich, zum Überbacken süß oder pikant oder als Füllung im Strudel.
- Wenn Sie ihn etwas lockerer mögen: Die Konsistenz Ihrer Quarkmischung wird lockerer, wenn Sie etwas Milch, Sahne oder Joghurt einrühren.
- Quark lässt sich auch für die Schönheitspflege bestens verwenden. Er wirkt lindernd bei geröteter, gesprungener Haut.

Kleines Milch- und Käselexikon

GRUNDBEGRIFFE
Selbst Milchprodukte herzustellen ist gar nicht so schwer, wenn man mit einigen Grundbegriffen und -techniken vertraut ist.

Absetzen
Der Käsebruch sinkt aufgrund der höheren Dichte im Bruch-Molke-Gemisch auf den Boden des Bruchbereiters.

Albumin
Eiweißfraktion des Molkenproteins.

Aminosäuren
Milchprodukte sind Hauptlieferanten dieser kleinsten Bausubstanzen des Eiweißes. In jedem natürlichen Eiweißstoff – tierischen oder pflanzlichen Ursprungs – sind etwa 20 bis 25 verschiedene Aminosäuren enthalten. Acht davon sind essenzielle Aminosäuren, die dem Körper durch die Nahrung zugeführt werden müssen.

Ammoniak NH3
Es entsteht meist bei der Überreifung von Käsen und macht sich durch einen stechend unangenehmen Geruch bemerkbar. Ursache ist der Eiweißabbau, der vorrangig bei Weichkäsen zu beobachten ist.

Hartkäse hat einen Wassergehalt von höchstens 56 Prozent.

Absetzen–Erhitzungsverfahren

Ausbeute

Man spricht in Molkereifachbetrieben von Käseausbeute. Damit ist die Optimierung der Rohstoffauswertung im Zusammenhang mit der Wirtschaftlichkeit gemeint. Die Auslegung erfolgt in zwei Angaben, allerdings abhängig von der Käsesorte und vom Fett i. Tr., z. B.:
Rohstoffeinsatz je 1 kg Käse entsprechen 7 bis 17 l Milch.
Käseertrag aus 100 l Milch entsprechen 6 bis 15 kg Käse.

Bruch

Nach der Dicklegung der Milch durch Lab und/oder Säuerung gewinnt man durch verschiedene Trennverfahren ein Konzentrat – Bruch genannt –, aus dem Flüssigkeit – die Molke – abfließt. Der Bruch ist konzentriertes Kasein und besteht überwiegend aus Eiweiß.

Bruchkörner

Je feiner die Körner, desto feiner der Käse. Der Käsebruch wird je nach Käsesorte unterschiedlich geschnitten. Der Molkenabfluss ist abhängig von der Bruchwürfelgröße.

Dickete, Labgerinnsel oder Gallerte

So bezeichnet man den Zustand der Milch während der Dicklegung mit Lab und Säure. Gallerte oder Dickete ist eine gelartige Masse und bildet die Grundlage für Labkäse.

Einlaben

Der Käsefachmann spricht vom Einlaben, wenn zur Käseherstellung die Milch mit milchgerinnenden Enzymen geimpft wird. Die Temperatur beim Einlaben der Milch sollte während des gesamten Prozesses konstant gehalten werden. Frischkäse braucht eine Zimmertemperatur von etwa 20 bis 24 °C, Weichkäse von etwa 32 °C und Hartkäse ca. 32 bis 36 °C.

Erhitzungsverfahren

In der Molkereiwirtschaft werden drei Arten praktiziert: Pasteurisieren, Ultrahocherhitzen und Sterilisieren. Da Milch zu den am schnellsten verderblichen Nahrungsmit-

KÄSE-HERSTELLUNG
Die Begriffe Bruch und Bruchkörner sind zentral für die Herstellung von eigenem Käse.

143

teln gehört, werden durch die Erhitzung der Milch krankheitserregende Keime abgetötet. Zudem verlängert sich durch diese Behandlung die Haltbarkeit der Milch.

Fett in der Trockenmasse (Fett i. Tr.)

FETTGEHALT
Lassen Sie sich nicht von dem vermeintlich hohen Fettgehalt einiger Käsesorten abschrecken – meist bezieht sich diese Angabe auf die Trockenmasse.

Käse besteht aus Wasser und Käsetrockenmasse. In der Trockenmasse sind Fett, Eiweiß und Mineralstoffe enthalten. Die Reifezeit entzieht dem Käse Wasser, die Trockenmasse bleibt unverändert. In 100 Gramm Gouda, der etwa acht bis zehn Tage alt ist, sind beispielsweise 42 Gramm Wasser, in der Trockenmasse von 58 Gramm sind 29 Gramm Fett und 25 Gramm Eiweiß enthalten. 50 Prozent Fett i. Tr. sind daher nicht gleichbedeutend mit 50 Gramm Fett.

Fettgehaltseinstellung

In den Molkereien wird der Fettgehalt der Kuhmilch durch das Vermischen von Vollmilch und Magermilch bzw. Rahm eingestellt. Die Milchsorten im Handel sind standardisiert, d.h., der Fettgehalt schwankt nicht.

Frischkäse

Alle Käsesorten ohne Reifung zählen zu den Frischkäsen, also Speisequark, Schichtkäse, körniger Frischkäse, Rahm- und Doppelrahmfrischkäse.

Jerb

Eine spezielle Form, in der Käse gepresst wird.

Käseeiweiß

Das Milcheiweiß im Käse ist sehr gut verträglich. Je reifer der Käse, umso bekömmlicher und verträglicher ist er.

Käseprüfungen

Zusätzlich zu den Untersuchungen auf Fettanteil und Trockenmasse gibt es Qualitätsbeurteilungen durch Käsereimeister. Großformatige Käse, wie Gouda, werden mit einer zusätzlichen Klopftechnik beurteilt: Eventuelle Risse oder Löcher können durch die unterschiedlichen Schallqualitäten herausgefunden werden. Die Konsistenz, Teigbeschaffenheit und z.B. spezielle Lochungen lassen sich mit einer sensorischen Prüfung feststellen.

Käserinde

Durch die äußere Behandlung von Käsen mit Trockensalzung oder Lake entsteht bei der anschließenden Trocknung eine harte Schicht, die Rinde.

Kalzium

Für die Knochensubstanz sehr wichtiger Mineralstoff, der in Milch und Milchprodukten enthalten ist. Hilft, Krankheiten wie Osteoporose vorzubeugen.

Kasein

Es ist der Käsestoff mit dem größten Eiweißgehalt der Milch.

Kesselmilch

Sobald die Milch hinsichtlich Fettgehalt, Temperatur und Säuerungskultur festgelegt bzw. eingestellt worden ist, kann die Käseherstellung beginnen. Die Milch wird in diesem Zustand als Kesselmilch bezeichnet.

Kondensmilch

Sie ist konzentrierte Milch, der durch Eindampfen das überschüssige Wasser entzogen wird. Die extrem lange Haltbarkeit wird durch Sterilisieren erreicht.

Lab

Es ist ein Gerinnungsmittel, mit dem die Milch dickgelegt wird. Es gibt drei Arten von Lab: pflanzliches, tierisches und mikrobielles. Die Wirkung des Labs ist von Faktoren wie Temperatur, Erhitzung der Milch und Säuerungsgrad der Milch abhängig.

Lakenkäse

Der Käse wird zum Reifen in Salzwasser, eine Lake, gelegt. Die Lake besteht aus ca. 150 Gramm Salz pro Liter Wasser. Für den Hausgebrauch ist diese Art von Konservierung und Geschmacksreifung von Weichkäsen sehr empfehlenswert,

GESUNDHEIT
Milchprodukte besitzen eine Vielzahl lebensnotwendiger Nährstoffe und Vitamine, beispielsweise Kalzium, Eiweiß und Vitamin B_2.

Milch- und Käselexikon

da die Käseoberflächen vor Austrocknung und Schimmel geschützt werden. Wichtig ist, dass der Käse vollständig vom Salzwasser bedeckt ist.

Laktase

Laktase oder Galaktosidase ist ein Enzym, welches den Milchzucker in Glukose und Galaktose spaltet.

Lakto

Lakto ist die lateinische Bezeichnung für Milch.

Laktoflavin

Lakto = Milch, *flavin* = gelb. Der Grundstoff vieler gelber Pflanzenfarbstoffe findet Verwendung für die Gelbfärbung von Schmelzkäse.

Laktose

Lateinische Bezeichnung für Milchzucker. Milchzucker ist das Kohlenhydrat der Milch.

Lezithin

Es zählt zur Gruppe der Phosphatide, die in der Membran der Milchfettkügelchen enthalten sind. Buttermilch hat von allen Milchprodukten den höchsten Lezithingehalt.

Linksdrehende Milchsäure

Die linksdrehende Milchsäure kann bei der Herstellung von Sauermilchprodukten entstehen. Allerdings wird sie im Körper wesentlich langsamer abgebaut als rechtsdrehende Milchsäure. Bei speziellen Nahrungsmittelallergien sollten Sie dies berücksichtigen und einen Arzt befragen.

Magermilch

Als Magermilch deklarierter Milch wurde durch Zentrifugieren Fett entzogen.

Mazerieren

Bestimmte Käse werden während der Reifezeit mit Weinwürz- oder Alkoholmischungen gewürzt bzw. mazeriert.

WAREN-BEZEICHNUNG
Gesetze schreiben genau vor, wie ein Milchprodukt bezeichnet werden muss. So muss bei einem Joghurt angegeben sein, welche Kulturen ihm zugesetzt worden sind.

Milchmischgetränke

So bezeichnet man Getränke mit mindestens 70 Prozent Milchanteil und 30 Prozent geschmacksverändernden Aromen, beispielsweise Früchten, Zucker, Malz oder Kakao.

Milchzucker

Natürliche Verdauungshilfe in pulverisierter, konzentrierter Form. Milchzucker aktiviert die Darmflora schonend und ohne Nebenwirkungen.

Molke

Molke ist eine gelbgrünliche, durchscheinende Flüssigkeit, die bei der Herstellung von Käse nach dem Abscheiden des Käsestoffs, des Bruchs, abgesondert wird. Je nach Käseart entsteht Süß- oder Sauermolke.

Paraffinbezug

Einige Käse, wie holländischer Gouda, werden mit einer Schicht Paraffin überzogen, um sie haltbar zu machen und vor Schimmelbefall zu schützen. Die Käse werden nach der Reifezeit in ein Paraffinbad getaucht, das sofort antrocknet. Der rote Paraffinüberzug ist wasserunlöslich und Wasser abweisend, gegen Schwefel- und kalte Salpetersäure beständig und vor allem ungiftig.

Pasteurisieren

Ein Erhitzungsverfahren mit Temperaturen unter 100 °C, das zur Haltbarmachung und Keimabtötung von Lebensmitteln angewendet wird.

Standardisieren

Die Kuhmilch wird maschinell nach Fett- und Eiweißgehalt eingestellt (siehe Fettgehaltseinstellung).

Worb

Spezieller Ausdruck für eine Käseform, die besonders bei der traditionellen Emmentaler-Herstellung verwendet wird: Der im Tuch aufgehängte Bruch wird in einer Form, dem Worb, zwischen zwei Deckeln gepresst.

ZUCKERZUSATZ
Den meisten gekauften Milchprodukten ist Zucker zugesetzt. Verzichten Sie bei Ihren hausgemachten Milchspezialitäten darauf, und geben Sie statt dessen beispielsweise frisches Obst dazu.

Bezugsquellen

Allgemeiner Käsereibedarf (Geräte, Kulturen, Lab etc.)

Bionic GmbH & Co. KG, Biotechnologisches Laboratorium, Schmiedstr. 6, D-25899 Niebüll, Tel. 0 46 61/96 02 12

Natur und Technik, Wolfgang Oberacker, Gellertstraße 12, 76344 Eggenstein, Tel. 07247/96 30 90

Fa. Eschenbüscher, Heitwinkel 19, D-33129 Delbrück-Boke, Tel. 0 52 50/67 31

Etscheid, Industriegelände, D-53577 Neustadt/Wied-Fernthal, Tel. 0 26 83/30 80

Käsereibedarf Jay Brady, Hinterdorfstr. 18, D-36154 Hosenfeld-Hainzell, Tel. 0 66 50/15 60

Fa. Selbermachen, E. Schmidt, Schubertstr. 1, D-75365 Calw-Altburg, Tel. 0 70 51/5 07 20

Helmut Rink GmbH, Wangener Str. 18, D-88279 Amtzell/Allgäu, Tel. 0 75 20/61 45

Martin Kössel, Postfach 1332, D-87503 Immenstadt/Allgäu, Tel. 0 83 23/85 76

Betriebsmittel-Industriebedarf, Postfach 116, A-1013 Wien, Tel. 0 04 31/27 26 33 60

Alois Bindenberger, Auweg 11, A-6200 Jembach, Tel. 00 43-(0) 52 44/6 20 67

Spezialisierte Anbieter

Kulturen, Fermente

Wiesby GmbH & Co. KG, Gotteskoogstr. 40–42, D-25899 Niebüll, Tel. 0 46 61/60 20

Wiesby GmbH & Co. KG, Handelsvertretung Wittwer, Bifangstr. 12, CH-5022 Rombach/Aarau, Tel. 00 41-(0)6 28 27/18 13

Biokosma GmbH, Brühlstr. 15, D-78465 Konstanz, Tel. 0 75 33/93 01 40

Chr. Hansen GmbH, Postfach 1805, D-23506 Lübeck, Tel. 04 51/48 00 70

Chr. Hansen GmbH, Niederlassung für Österreich, Südbahnhof, 7. Straße, A-1100 Wien, Tel. 00 43-1/6 02 95 60

Firma Dr. Meixner GmbH, Sonntagweg 6 c, D-70569 Stuttgart, Tel. 07 11/6 87 66 06 (lebendige kaukasische Kefirpilze)

Gist-Brocades Bio-Specialties GmbH, Giselherstr. 12,
D-44319 Dortmund, Tel. 02 31/92 71 02 (Enzyme)

Lab und Kulturen sind oft auch in Apotheken oder
Reformhäusern erhältlich.

Lab, Käsewachs
HB Fuller, An der Roten Bleiche 2–3, D-21335 Lüneburg,
Tel. 0 41 31/70 50 (nur Käsewachs)
Josef Hundsbichler KG, Österreichische Laberzeugung,
Fischergries 22, A-6332 Kufstein, Tel. 00 43-(0) 53 72/6 22 56

Messgeräte (pH-Wert, Reifungsraumklima)
M. K. Juchheim GmbH & Co., Moltkestr. 13–31,
D-36039 Fulda, Tel. 06 61/6 00 30
Nordmann, Alfred Kaut GmbH & Co., Windhukstr. 88,
D-42277 Wuppertal, Tel. 02 02/2 68 20

Keimzahlbestimmungen
Schülke und Mayr, Heidelbergstr. 100, D-22846 Norderstedt,
Tel. 0 40/52 10 00
*Staatlich Milchwirtschaftliche Lehr- und Forschungsanstalt,
Dr.-Oskar-Farny-Institut*, Postfach 15 52,
D-88231 Wangen/Allgäu, Tel. 0 75 22/7 15 01

Handbetriebene und elektrische Buttermaschinen
Häka Apparatebau Buttermaschinen GmbH,
Wallonenstr. 27, D-76297 Stutensee, Tel. 0 72 49/85 01
Firma F. Knödler, Grasiger Rain 6, D-70734 Fellbach,
Tel. 07 11/5 28 25 96

Schmelzsalz
B. K. Giulini, Chemie GmbH & Co. OHG, Dr. A. Reimannstr. 2,
D-68526 Ladenburg, Tel. 0 62 03/7 70

Käsereimaschinen
A-S-T-A-eismann GmbH, Mark I Nr. 16, D-59269 Beckum-
Neubeckum, Tel. 0 25 25/9 30 60
Inghild und Dr. Manfred Drews, Kanaldamm 31,
D-25436 Tornesch, Tel. 0 41 20/8 04

Über dieses Buch

Impressum

Genehmigte Lizenz-
ausgabe für
Tosa Verlag, Wien
Titel der Originalausgabe:
Rose Marie Donhauser,
Quark, Butter, Joghurt, Käse
hausgemacht
© by Ullstein Heyne List
GmbH & Co. KG,
München
Der Titel erschien 1997
im Ludwig Buchverlag,
München
Umschlaggestaltung:
Joseph Koó unter Verwen-
dung eines Dias der Bild-
agentur Mauritius
Druck: Tlaciarne BB spol.
s.r.o.
Printed in Slovakia 2004

www.tosa-verlag.com

Bildnachweis

Alle Bilder stammen von Karl Newedel, München, mit Ausnahme von:
Das Fotoarchiv, Essen: 8 (Eisermann/Babovic), 12 (Bernd Euler), 26, 75, 103
(Andreas Riedmiller); Kerth Ulrich, München: Titelbild (Einklinker); Süd-
west Verlag ©, München: 2, 20, 22, 23, 43, 48, 50, 51, 61, 62, 64, 65, 73, 85, 87,
89, 93, 108, 125 (Digital), 128 (Georg Tuscany), 131 (Michael Nagy), 134, 136
(Hans Seidenabel), 138 (N.N.); Tony Stone, München: Titelbild (Fond);
Visum, Hamburg: 28, 119, 121 (Günter Beer), 142 (Jörg Modrow)

Anmerkung der Redaktion

Diesem Buch liegt die im Juli 1996 in Wien beschlossene und ab 1.8.1998
verbindliche Neuregelung der deutschen Rechtschreibung zu Grunde.

Hinweis

Das vorliegende Buch ist sorgfältig erarbeitet worden. Dennoch erfolgen alle
Angaben ohne Gewähr. Weder Autorin noch Verlag können für eventuelle
Nachteile oder Schäden, die aus den im Buch gemachten Hinweisen resultie-
ren, eine Haftung übernehmen.

Über die Autoren

Rose Marie Donhauser absolvierte drei gastronomische Ausbildungen, u.a. als
Köchin im Hotel Hilton International in München. Seit 1988 schreibt sie er-
folgreich praxisorientierte Kochbücher.

Die Andechser Molkerei Scheitz arbeitet seit 1976 nach den strengen Richtlinien
der ökologisch wirtschaftenden Agrarverbände Bioland und Demeter und ist
heute Deutschlands größte Biomolkerei. Natürliche Zutaten und schonende
Verarbeitung garantieren gesunde Milcherzeugnisse.

Alle Anleitungen dieses Buchs wurden von *Sabine Neuhof-Werling,* Chemiela-
borantin und Leiterin der Qualitätssicherung bei der Molkerei Scheitz, und
Elisabeth Promberger, milchwirtschaftliche Laborantin, geprüft.

Sachregister

Albumin 91
Beschwerden,
  Tips und Tricks zu 131ff.
Beta-Karotin 16
Bruch 113, 115, 118
Bruchkörner 121
Butter 13, 24ff., 81, 140f.
  – Handelsklassen 27
  – Konservierungstips 36
  – mild gesäuerte 25
  – selbst gemacht 30ff.
  – Verbraucherschutz-
    verordnung 28
Buttermaschine 32
Buttermilch 24, 30, 34,
  40, 102, 130, 141
Butterschmalz 29
Butterverordnung 26f.
Cholesterin 37
Crème double 45
Crème fraîche 45f.
Dickete, Labgerinnsel,
  Gallerte 104, 113
Dickmilch 74ff., 78, 102
Dickmilch, selbst
  gemacht 75
Dickmilchherstellung,
  industrielle 74
Doppelrahmfrischkäse 79
Entzündungen 132ff.
Erhitzungsverfahren 12f.
Ernährung 14
Farbstoffe 113
Fett i. Tr. (Fett in der
  Trockenmasse) 80, 98f.
Fette 14
Frischkäse 78ff.
Gesichtspflege 132, 135
Ghee 37
Haarpflege 137ff.

Hartkäse 112ff., 122
Hartkäse, selbst
  hergestellt 114ff.
Hauskäserei 100f.
Hautpflege 132f.
H-Milch 60
Homogenisieren 11, 13
Joghurt 13, 53ff., 102,
  130, 141
  – Fettstufen 56
  – Inhaltsstoffe 55f.
  – selbst gemacht 58ff.
  – Warenkennzeichnung
    56f.
  – Zutaten 57
Joghurtkulturen 55
Joghurtmaschine 60
Kaffeesahne 44
Käse 94ff.
  – Fehlerquellen bei der
    Herstellung 120f.
  – Fettgehaltsstufen 99
Käsegruppen 97f.
Kalzium 6, 15, 129
Kasein 78
Kefir 66ff.
  – Herstellung 66f.
  – selbst gemacht 68f.
Kefirfermente 67
Kefirpilz 67f.
Kohlenhydrate 6, 14
Körperpflege 129ff.
LA7 (Lactobacillus
  acidophilus 7)
Lab 79f., 84, 95, 102, 113
Lactobacillus
  bulgaris 53, 57
Laktose 16, 54, 90
LC1 (Lactobacillus
  acidophilus 1) 55
Lezithin 16, 26
LGG (Lactobacillus
  Goldin und Gorbach) 55

Linksdrehende
  Milchsäure 54
Magermilch 12, 74
Mascarpone 80
Milchbildung 10
Milchfett 16, 129
Milchsäure 54, 90
Milchstreichfett 29
Milchverarbeitung 11
Milchzucker 90, 129
Mineralstoffe 14, 40,
  56, 90
Molke → Sauermolke
Nährwerttabelle 17
Naturjoghurt 57
Paraffinbezug 119
Parmesan 99
Pasteurisieren 13, 60
Proteine 6, 14, 129
Quark 10, 13, 78ff.,
  130, 141
  – selbst gemacht 81ff.
  – Sorten 79
Rahmfrischkäse 79
Rohmilch 12f., 18, 25,
  30, 67
Sahne 44ff., 80, 130, 140
Sahne, selbst gemacht 46
Salzzusatz bei Butter 34
Sauermilchprodukte 52ff.,
  75, 78
Sauermolke 90ff., 123
  – selbst gemacht 91
  – Weiterverwertung 92
Sauerrahmbutter 25f.,
  37, 40
Saure Sahne 45
Schichtkäse 80
Schlagsahne 44
Schmand 45
Schnittkäse 112ff., 124
Schnittkäse, selbst
  hergestellt 114ff.

151

Schönheitstips 129ff.
Separieren 11, 25
Sonnenbrand 130
Speisequark 79
Standardisieren 11f.
Streptococcus
  thermophilus 54, 57

Süßmolke 123
Süßrahmbutter 25f.,
  37, 40
Vitamine 6, 14, 26, 40,
  56, 90, 129
Vollmilch 12, 14,
  18, 74

Vorzugsmilch 18
Wärmebehandlung 11ff.
Weichkäse mit
  Edelschimmel 110f.
Weichkäse, selbst
  gemacht 103ff.
Ziegenmilch 54

Rezepteregister

Apfel-Zwiebel-Butter 39
Bananenshake
  mit Kokos 21
Berliner Dicke 77
Butter Café de Paris 39
Buttermilchgelee,
  beschwipstes 42
Buttermilchpfann-
  kuchen 42
Colbert-Butter 38
Dickmilch
  mit Erdbeeren 77
Dickmilchschale,
  fruchtige 76
Eisjoghurt,
  dreifarbiger 64
Formaggio Ricotta 93
Frischkäsekuchen,
  gebackener 89
Gorgonzolaquark
  mit Nüssen 89
Grießpudding, kalter,
  mit Aprikosenpfanne 43
Gurken in Kefir 71
Himbeerkefir 73
Joghurt, süßer,
  mit Quark 63
Joghurthuhn
  aus dem Backofen 63
Joghurtsülze
  mit Lachs und Kaviar 65
Joghurtsuppe,
  türkische 61

Kastanienspaghetti
  auf Kirschkompott 21
Kefirgelee
  mit Schillerlocken 73
Knoblauchkefir-
  Kartoffeln 72
Kräuterbutter 38
Kürbissuppe 20
Lammfleischcurry
  mit Joghurt 62
Lassi – indisches
  Joghurtgetränk 64
Milcheierlikör 23
Milchreis, süßer 22
Milchshake,
  beerenstarker 22
Milchsuppe mit Käse 23
Milchsuppe, saure,
  nach Großmutters Art 76
Mousse au Marzipan 51
Muntermacher mit Zi-
  trone (Buttermilch) 41
Orangenbuttermilch 42
Pilze, gemischte,
  in Sahnesauce 49
Preiselbeer-Sahneeis 49
Quark aus Liptau 86
Quarkaufstrich
  mit Nüssen 87
Quarkbirnen 88
Quarkhering
  mit Äpfeln 85
Rahmapfelstrudel 50
Reibekuchen
  mit Kefir 70

Roger-Rabbit-Trunk
  (Buttermilch) 41
Rote Kaviarbutter 39
Rotweinbutter 39
Sacherkäse 86
Sahnesuppe, französische,
  mit Räucherfischen 47
Salatsauce, sahnige 71
Sardellenbutter 38
Schinkenbutter 38
Schokocreme
  mit Whiskey 19
Schwedenmilch
  mit Kräutern 77
Sellerie, gebackener,
  mit Kefirsauce 72
Sherrytrifle 51
Spaghetti
  nach Köhlerart 48
Spinatjoghurt,
  lauwarmer 62
Tomaten-Basilikum-
  Butter 39
Tomatenkefir 70
Tomatenquark
  mit Ruccola 87
Topfen,
  österreichischer 85
Vanilletraum
  mit Ananasspieß 20
Vollwertreibekuchen
  mit Frühlingsquark 88
Walnusscreme,
  gefrorene 48
Zitronenbutter 39

152